Christian Somnitz
Materialien & Kopiervorlagen zu

Karl May

Mein Blutsbruder
Winnetou

Hase und Igel®

Inhalt

„Mein Blutsbruder Winnetou" –
Das Buch im Unterricht 3

Einstimmung auf die Lektüre

Vorschläge zur Unterrichtsgestaltung 5
Kopiervorlagen: Der Wilde Westen 6
                 Das Schicksal
                 der „roten Nation" 7

1. bis 4. Kapitel: Vom Greenhorn zum Westmann

Inhalt und Vorschläge zur Unterrichtsgestaltung ... 8
Kopiervorlagen: Auswanderer 15
                 Das Land der unbegrenzten
                 Möglichkeiten 16
                 Mr Henrys Erfindung 17
                 Männer des Westens 18
                 Greenhorn oder Westmann? 19
                 Nordamerika 20
                 Prärien, Wälder und Felsklüfte ... 21
                 Kollegen unter sich 22

5. bis 10. Kapitel: Die Apachen zum Feind

Inhalt und Vorschläge zur Unterrichtsgestaltung ... 23
Kopiervorlagen: Indianervölker 29
                 Eine Eisenbahnlinie
                 von Ost nach West? 31
                 Der Widerstand der Indianer 32
                 Woran die Indianer glaubten 33
                 Typisch Kiowa, typisch
                 Apache? 34

11. bis 14. Kapitel: In Gefangenschaft

Inhalt und Vorschläge zur Unterrichtsgestaltung ... 35
Kopiervorlagen: Harte Krieger, sanfte Squaws? ... 38
                 Nscho-tschi und
                 Old Shatterhand 39
                 Ein Miniatur-Pueblo 40
                 Old Shatterhands List 41

15. bis 17. Kapitel: Blutsbrüder

Inhalt und Vorschläge zur Unterrichtsgestaltung ... 42
Kopiervorlagen: Schuld und Sühne 45
                 Blutsbrüder 47
                 Zeichensprache 48

Zu allen Kapiteln

Vorschläge zur Unterrichtsgestaltung 49
Kopiervorlagen: Neue Abenteuer 51
                 Wer war Karl May? 52
                 Ein schamloser Lügner? 53
                 Indianer heute 54

Literatur, Verfilmungen, Internet 55

© 2009 Hase und Igel Verlag, Garching b. München
www.hase-und-igel.de
Lektorat: Kristina Oerke
Layout: Claudia Trinks
Illustrationen: Christian Effenberger, Josef Ulrich (aus der Lektüre)
Druck: Köppl und Schönfelder oHG, Stadtbergen

ISBN 978-3-86760-405-5

„Mein Blutsbruder Winnetou" – Das Buch im Unterricht

Das Buch

Winnetou und Old Shatterhand gehören zu den bekanntesten Abenteurern der deutschen Literatur. Die Weltauflage von Karl Mays Werken liegt bei über 200 Millionen Exemplaren, die Hälfte davon in deutschsprachigen Ausgaben. Generationen von Jugendlichen haben begeistert Karl May gelesen und in ihrer Fantasie gemeinsam mit Winnetou und Old Shatterhand unzählige lebensgefährliche Abenteuer im Wilden Westen bestanden. Karl-May-Festspiele und -Verfilmungen, darunter auch Parodien wie „Der Schuh des Manitu", haben ihren Teil zum gewaltigen Erfolg des Winnetou-Stoffes beigetragen.

In der letzten Zeit jedoch scheint die Zahl der „klassischen" Karl-May-Leser zu schrumpfen. Ausführliche Landschafts- und Personenbeschreibungen sowie lange Gespräche zu religiösen und anderen Themen entsprechen nicht mehr den Lesegewohnheiten heutiger Jugendlicher. Hier setzt die Hase-und-Igel-Schulausgabe an: Durch behutsame Kürzung und Straffung wurde der Text von „Winnetou I" jungen Leserinnen und Lesern zugänglich gemacht, ohne dass er dabei an Spannung und Atmosphäre verliert.

So werden Schüler der 5. bis 7. Klasse schnell in die Handlung hineingezogen. Gespannt können sie verfolgen, wie aus einem Hauslehrer und Greenhorn der „Westmann" Old Shatterhand wird, der in Kämpfen mit Kiowa, Apachen und gewissenlosen Bleichgesichtern trotz aller Gefahren die Oberhand behält und schließlich sogar einen Blutsbruder gewinnt – Winnetou, den Sohn des Apachenhäuptlings Intschu tschuna.

Mit dieser Blutsbrüderschaft endet die Hase-und-Igel-Schulausgabe. Der Originaltext von „Winnetou I" erzählt danach – mit verschiedenen Nebenhandlungen – weiter, wie Winnetous Vater Intschu tschuna und seine Schwester Nscho-tschi von dem habgierigen Verbrecher Santer erschossen werden, als sie aus einem Versteck Gold holen wollen, und wie Winnetou und Old Shatterhand die Verfolgung des Mörders aufnehmen.

Manche der gekürzten Textpassagen haben Eingang in die vorliegenden Materialien gefunden, sodass im Sinne eines differenzierenden Unterrichts darauf Bezug genommen werden kann.

Da das Original nur in wenige große Kapitel unterteilt ist, wurde der Text neu gegliedert, sodass die Schulausgabe nun aus siebzehn statt aus sechs Kapiteln besteht.

Der Text der Schulausgabe basiert auf der im Oktober 1908 im Freiburger Verlag Fehsenfeld erschienenen illustrierten Ausgabe. Für diese hat Karl May selbst seine Romanversion von 1893 noch einmal geringfügig bearbeitet. Diese Ausgabe „letzter Hand" gilt in der literaturwissenschaftlichen Forschung als die maßgebliche Version des Winnetou-Textes.

Das Material

Karl Mays „Winnetou I" ist mehr als ein spannender Wildwestroman. Er besticht vor allem durch seine Vielfalt an Themen und durch seine Aktualität: Die Begegnung fremder Kulturen, das Sendungsbewusstsein der Europäer, Missverständnisse und Vorurteile, aus denen Krieg und Tod erwachsen. Diese Themen bestimmen auch den Alltag Heranwachsender unserer Zeit.

So bietet die Lektüre vielfältige Anknüpfungspunkte für den Unterricht. Sie ermöglichen eine fächerübergreifende Auseinandersetzung mit Themen wie z. B.:
- Kultur und Geschichte der Indianer Nordamerikas
- Geschichte der USA
- Auswanderungsbewegungen von Europa nach Nordamerika und ihre Gründe
- Bedeutung des Eisenbahnbaus für die wirtschaftliche und soziale Entwicklung im 19. Jahrhundert
- gerechte und ungerechte Strafen
- Schuld und Vergebung

Dabei werden die Schüler immer wieder dazu angehalten, Bezüge zu ihrer eigenen Lebenswelt herzustellen und dargestellte Ideale und Klischees kritisch zu hinterfragen. Neben textimmanenten Fragestellungen kommen auch entstehungs- und rezeptionsgeschichtliche Aspekte zur Sprache. Besonders die schillernde Persönlichkeit des Autors und die damit verbundene Diskussion um Realität und Fiktion, um wahres Ich und literarische Scheinidentität können in altersgerechter Form in den Unterricht einfließen.

Nach Anregungen zur Einstimmung auf die Lektüre folgen vier Abschnitte mit unterrichtspraktischen Hinweisen, die sich konkret am Handlungsverlauf und an der Kapiteleinteilung der Erzählung orientieren. Vor allem im zweiten und dritten Teil wird dabei auch Wissen über Geschichte und Kultur der Indianer vermittelt. Es empfiehlt sich, diese Themen parallel zur Lektüre zu behandeln, um den Schilderungen von Old Shatterhands ersten Begegnungen mit Apachen und Kiowa die tatsächliche Lebensweise der Indianer gegenüberzustellen. Im letzten Teil finden Sie Unterrichtsvorschläge, die erst gegen Ende der Unterrichtsreihe eingesetzt werden sollten. Hier geht es vor allem um die Persönlichkeit Karl Mays sowie um die Situation der Indianer heute.

Jeder Abschnitt beginnt mit einem Lehrerteil, der Hinweise zu den Kopiervorlagen sowie zusätzliche Gesprächs- und Schreibanlässe enthält. Darüber hinaus finden Sie hier Rechercheaufgaben (Recherche) und Anregungen zur kreativen Auseinandersetzung mit den in der Lektüre angesprochenen Themen (Kreativ aktiv). Unmittelbar im Unterricht einsetzbare Kopiervorlagen (KV) runden jeden Teil ab.

Signets am oberen rechten Seitenrand verdeutlichen den thematischen Schwerpunkt der einzelnen Kopiervorlagen:

Textarbeit

Geschichte und Kultur der Indianer

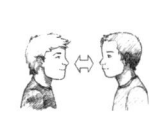

zwischenmenschliche Beziehungen

gesellschaftlicher Hintergrund

geografische und naturkundliche Aspekte

Entstehungs- und Rezeptionsgeschichte

Die einzelnen Arbeitsaufträge auf den Kopiervorlagen sind zur besseren Orientierung mit folgenden Symbolen versehen:

schreiben

lesen

sprechen

Kurzvortrag

kreatives Gestalten

Rollenspiel

Einstimmung auf die Lektüre

Der Winnetou-Stoff dürfte vielen Schülern durch Filme oder Erzählungen zumindest grob bekannt sein, auch wenn sie selbst noch nie etwas von Karl May gelesen haben. Gleiches gilt für den Schauplatz des Romans, den Wilden Westen. Die ersten beiden Kopiervorlagen sowie die Gesprächs- und Schreibanlässe regen zum Austausch darüber an.

Zu den Kopiervorlagen

KV Seite 6 — Der Wilde Westen

Wahrscheinlich haben die meisten Schüler schon einmal einen Western gesehen und eine entsprechende Vorstellung vom Wilden Westen. In einem ersten Schritt können sie diese Assoziationen festhalten und daraus in Einzel- oder Partnerarbeit eine Erklärung des Begriffs „Wilder Westen" entwickeln. Um zu verhindern, dass die Schüler dabei beeinflusst werden, empfiehlt es sich, den unteren Teil des Arbeitsblattes erst in einem zweiten Schritt auszuteilen. Die Erklärungen der Schüler können gegebenenfalls in einem Zwischenschritt in der Klasse vorgelesen und besprochen werden. Anschließend wird die dritte Aufgabe bearbeitet: Die Schüler lesen drei kurze Lexikon-Definitionen des Begriffs und vergleichen diese mit ihren eigenen Erklärungen.

Je nachdem, wie tief Sie bereits in die Thematik einsteigen wollen, kann sich daran ein Unterrichtsgespräch anschließen, in dem auch die andere Seite des Wilden Westens zur Sprache kommt: die Härte des Alltags in einer unbesiedelten Region, der Kampf der neuen Farmer und Siedler ums Überleben in einer Umgebung, die ihnen nicht vertraut ist, die Angst vor Missernten auf den neu entstandenen Farmen usw. (siehe hierzu KV „Männer des Westens", Seite 18).

Auch die Behandlung der unterschiedlichen Vegetations- und Landschaftsformen Nordamerikas ist in diesem Zusammenhang bereits möglich (siehe KV Seite 20).

Lösungsvorschlag

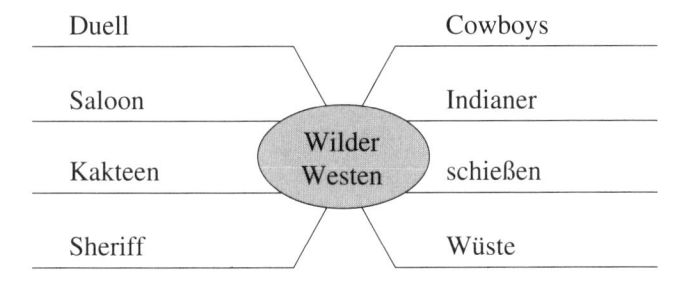

Duell – Cowboys – Saloon – Indianer – Kakteen – schießen – Sheriff – Wüste → **Wilder Westen**

KV Seite 7 — Das Schicksal der „roten Nation"

Die Kopiervorlage bietet einen Auszug aus Karl Mays Einleitung zu „Winnetou I", die in der Schulausgabe nicht abgedruckt ist. Anhand dieses Textes kann über das Schicksal der indianischen Ureinwohner und ihre weitgehende Ausrottung durch die weißen Siedler gesprochen werden. Dieses Thema wird im Rahmen der Arbeit mit der Lektüre mehrfach aufgegriffen (siehe KV Seite 31 und 32).

Außerdem findet eine erste Auseinandersetzung mit dem Autor des Romans statt. Eine intensivere Beschäftigung mit der Person Karl May und der Frage nach den Widersprüchen zwischen seinem realen und seinem literarischen Ich bieten die Kopiervorlagen auf den Seiten 52 und 53.

Gesprächs- und Schreibanlässe

Wenn ich im Wilden Westen gelebt hätte …
Stell dir vor, du hättest im Wilden Westen gelebt: Wo hättest du gelebt? Welchen Beruf hättest du ausgeübt? Wie hätte dein Alltag ausgesehen?

Schreibe darüber eine Geschichte mit dem Titel „Was ich im Wilden Westen erlebt habe".

Winnetou
Eine der Hauptfiguren des Buches ist Winnetou, der Sohn des Apachenhäuptlings Intschu tschuna.
- Hast du schon einmal von Winnetou gehört oder etwas über ihn gelesen? Erzähle.
- Wie stellst du dir Winnetou vor? Beschreibe ihn möglichst genau.
- Auch auf dem Buchcover ist Winnetou abgebildet – der Indianer ohne Feder rechts im Bild. Entspricht diese Darstellung deinen Erwartungen?
- Beschreibe den Winnetou auf dem Buchcover genau. Wie schätzt du ihn ein? Versuche aufgrund des Äußeren Rückschlüsse auf seinen Charakter zu ziehen.
- Der bekannteste Winnetou-Darsteller ist Pierre Brice. Suche im Lexikon oder im Internet ein Bild von ihm. Vergleiche es mit der Darstellung im Buch.

Der Wilde Westen

✏️ Welche Wörter fallen dir zum „Wilden Westen" ein? Schreibe auf die Linien.

Wilder Westen

✏️ Verfasse mithilfe der oben gesammelten Begriffe einen kurzen Lexikoneintrag.

Der Wilde Westen _____

👥 Lest die drei kurzen Lexikoneinträge über den Wilden Westen. Vergleicht sie mit euren eigenen Erklärungen.

Wilder Westen
Bezeichnung für die Übergangsregion vom organisierten Siedlungsgebiet der weißen Einwanderer zu dem noch von Indianern behaupteten Land im Nordamerika des 19. Jahrhunderts. Der Wilde Westen ist in Romanen und Filmen vielfach verherrlicht worden.

Der Wilde Westen ist eine – historisch und geografisch grob eingegrenzte – umgangssprachliche Bezeichnung für die westlich des Mississippi gelegenen Gebiete der heutigen USA, die noch nicht als Bundesstaaten in das Bündnis der Vereinigten Staaten aufgenommen waren.

Der Wilde Westen nach engl. Wild West, Bezeichnung des westlichen Teils der Vereinigten Staaten zur Zeit der Landnahme und des Goldrausches, als dort noch Gesetzlosigkeit herrschte.

Das Schicksal der „roten Nation"

Der folgende Text stammt aus der Einleitung zur ursprünglichen Ausgabe von „Winnetou I".

Lies den Text. Unterstreiche die wesentlichen Informationen.

[…] Ja, die rote Nation liegt im Sterben! Von Feuerland bis weit über die nordamerikanischen Seen hinauf liegt der riesige Patient niedergeworfen von einem unerbittlichen Schicksal, das kein Erbarmen kennt. Er hat sich mit allen Kräften dagegen gesträubt – doch vergeblich. Seine Kräfte sind mehr und mehr geschwunden; er hat nur noch wenige Atemzüge zu tun.

Ist er selbst schuld an seinem frühen Ende? Hat er es verdient? Wenn es richtig ist, dass alles, was lebt, zum Leben berechtigt ist, und dies sich ebenso auf die Gesamtheit wie auf das Einzelwesen bezieht, so besitzt der Rote nicht weniger das Recht zu existieren als der Weiße. […]

Es war nicht nur eine gastliche Aufnahme, sondern eine beinahe göttliche Verehrung, die die ersten „Bleichgesichter" bei den Indianern fanden. Welchen Lohn haben die Indianer dafür erhalten? Ganz unstreitig gehörte ihnen das Land, das sie bewohnten. Es wurde ihnen genommen. Welche Blutströme dabei geflossen und welche Grausamkeiten vorgekommen sind, das weiß jeder.

Der Weiße kam mit süßen Worten auf den Lippen, aber zugleich mit dem geschärften Messer im Gürtel und dem geladenen Gewehr in der Hand. Er versprach Liebe und Frieden und gab Hass und Blut. Der Rote musste weichen – Schritt um Schritt. Hin und wieder gewährleistete man ihm „ewige" Rechte auf „sein" Territorium, jagte ihn aber schon nach kurzer Zeit wieder hinaus. Man „kaufte" ihm das Land ab, bezahlte ihn aber entweder gar nicht oder mit wertlosen Tauschwaren, die er nicht gebrauchen konnte.

Aber das schleichende Gift des „Feuerwassers" brachte man ihm umso sorgfältiger bei, dazu die Blattern und andere, noch viel schlimmere und ekelhaftere Krankheiten, die ganze Stämme lichteten und ganze Dörfer entvölkerten. Wollte der Rote sein gutes Recht geltend machen, so antwortete man ihm mit Pulver und Blei, und er musste den überlegenen Waffen der Weißen wieder weichen. […]

Die wilden Mustangherden, aus deren Mitte er sich einst kühn sein Reitpferd holte, wo sind sie hingekommen? Wo sieht man die Büffel, die die Indianer ernährten, als sie zu Millionen die Prärien bevölkerten? Aber was nützen solche Fragen angesichts des Todes, der nicht abzuwenden ist? […]

Der Verfasser

Wie beurteilt Karl May das Schicksal der Indianer? Sprecht darüber in der Klasse.

1. bis 4. Kapitel: Vom Greenhorn zum Westmann

Inhalt

Einleitend berichtet der anfangs namenlose Ich-Erzähler, wie er in den Wilden Westen gekommen ist: Wie viele Auswanderer hat er seine alte Heimat in Europa verlassen, um in Nordamerika sein Glück zu suchen. Zunächst ist er als Hauslehrer bei einer reichen Familie in St. Louis beschäftigt, welches zum „zivilisierten" Westen des Landes gehört. Dann freundet er sich jedoch mit dem schrulligen Büchsenmacher Mr Henry an. Dieser erkennt bald die gewaltigen Körperkräfte, die Geschicklichkeit und die geistigen Fähigkeiten seines jungen Freundes. So verschafft er dem Ich-Erzähler nach eingehender Prüfung eine Stelle als Vermessungsingenieur für eine der geplanten großen Eisenbahnlinien, die durch das Gebiet der Indianer bis an die Pazifikküste führen soll. Gemeinsam mit vier anderen Ingenieuren, zwölf Westmännern, die für die Sicherheit der Landvermesser verantwortlich sind, und drei Scouts begibt sich der junge Europäer in den Wilden Westen.

Schon bald erweist sich die Situation für den Ich-Erzähler als ausgesprochen schwierig: Die anderen Ingenieure, einschließlich des Oberingenieurs Mr Bancroft, entpuppen sich schnell als faul und inkompetent. Zudem sprechen sie dem Alkohol mehr zu, als ihnen und der gemeinsamen Sache guttut, sodass die gesamte Arbeit fast ausschließlich auf den Schultern des Ich-Erzählers ruht. Genauso unfähig sind die zum Schutz der Ingenieure abgestellten Westmänner unter ihrem Anführer Rattler. Sie alle verhalten sich gegenüber dem Ich-Erzähler wiederholt aggressiv. Dieser versucht Zusammenstößen nach Möglichkeit aus dem Weg zu gehen. Allerdings gelingt ihm dies nicht immer. Mehrfach ist er gezwungen sich zu wehren. Dass er dabei seinen Gegner mit einem einzigen Faustschlag gegen die Schläfe betäuben kann, trägt ihm – obwohl er noch ein Greenhorn ist – schon bald einen Kriegsnamen ein: Old Shatterhand.

Nur die drei Scouts, ein schrulliges Kleeblatt, bestehend aus Sam Hawkens und seinen Gefährten Dick Stone und Will Parker, sind ihrer Aufgabe gewachsen und werden schnell zu treuen Freunden Old Shatterhands. Vor allem der skurrile Sam Hawkens nimmt sich des Neulings an und unterrichtet ihn in allen Dingen, die ein Westmann beherrschen muss. Allerdings zeigt sich schon bald, dass der Schüler seinem Lehrer überlegen ist: Ob bei der Jagd auf Bisons oder Mustangs oder beim Fährtenlesen – immer wieder beschämt das unerfahrene Greenhorn Sam Hawkens durch seine Überlegenheit.

Einen besonders eindrucksvollen Beweis für seine Fähigkeiten liefert Old Shatterhand, als er, um einen der Westmänner zu retten, nur mit dem Messer bewaffnet einen Grizzly angreift. Es gelingt ihm tatsächlich, den gefährlichen Bären zu erstechen. Kaum ist dieser tot, wagen sich Rattler und die übrigen Westmänner aus ihren Verstecken hervor, in die sie sich ohne Rücksicht auf die Not ihres Kameraden geflüchtet haben. Sie beanspruchen Fleisch, Fell und Krallen des erlegten Tiers für sich, da sie es durch einige Gewehrschüsse erlegt hätten. Old Shatterhand pocht auf sein Recht.

Da Sam Hawkens und seine beiden Freunde nicht da sind, um schlichtend einzugreifen, droht die Situation zu eskalieren. Schon wollen Rattler und seine Leute auf Old Shatterhand losgehen, da werden die Streitenden plötzlich unterbrochen. Zwei Apachen und ein wie ein Apache gekleideter Weißer betreten den Schauplatz: Es handelt sich um Intschu tschuna, den Häuptling der Mescalero-Apachen, seinen Sohn Winnetou und Klekih-petra, ihren weißen Lehrer.

Zu den Kopiervorlagen

KV Seite 15/16
Auswanderer
Das Land der unbegrenzten Möglichkeiten
Im 19. Jahrhundert sind viele Menschen von Europa nach Amerika ausgewandert. Die Schüler erarbeiten anhand dreier fiktiver Biografien (KV Seite 15) exemplarisch Gründe für die Emigration. Die individuellen Ergebnisse können in einem Unterrichtsgespräch gesammelt und erweitert werden. Sie können z. B. in einer Mind Map festgehalten werden. Liefern Sie gegebenenfalls die notwendigen sozialgeschichtlichen und politischen Hintergrundinformationen: Weisen Sie beispielsweise darauf hin, dass – im Gegensatz zu den aufstrebenden USA – in den europäischen Staaten durchweg noch fest gefügte ständische Strukturen herrschten, die es nahezu unmöglich machten, in eine höhere Gesellschaftsschicht aufzusteigen.

Anschließend beschreiben die Schüler einen Holzschnitt aus dem Jahr 1896, der eine Ankunftsszene im New Yorker Hafen abbildet (KV Seite 16). Indem sie sich in eine der dargestellten Figuren hineinversetzen und deren Gedanken in einem inneren Monolog festhalten, setzen sie sich mit möglichen Träumen, Ängsten und Sehnsüchten der Auswanderer auseinander.

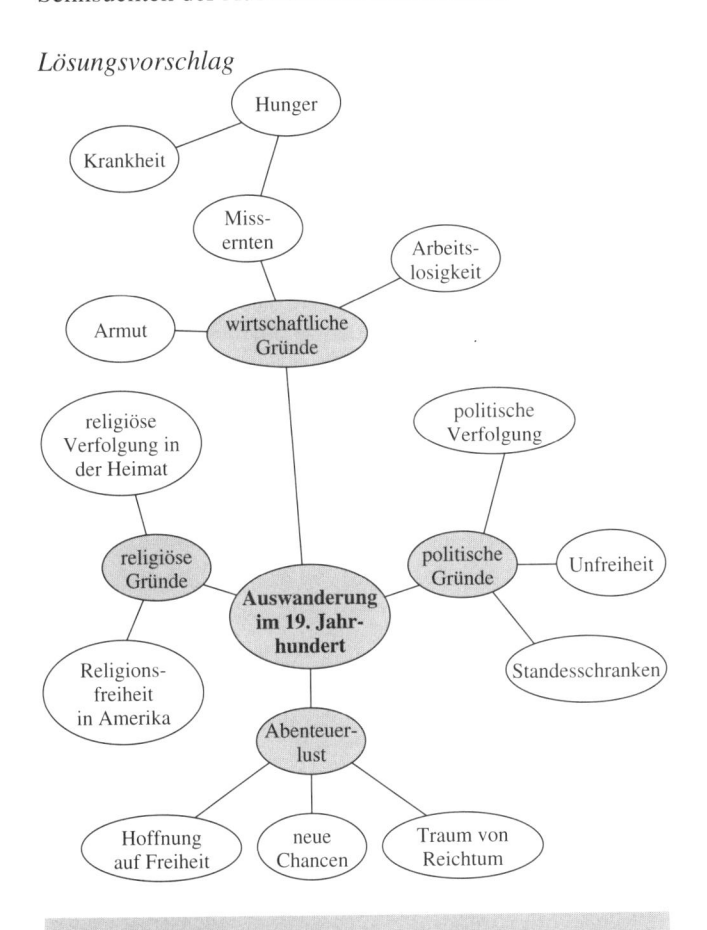

Lösungsvorschlag

- Auswanderung im 19. Jahrhundert
  - wirtschaftliche Gründe
    - Hunger
    - Krankheit
    - Missernten
    - Arbeitslosigkeit
    - Armut
  - religiöse Gründe
    - religiöse Verfolgung in der Heimat
    - Religionsfreiheit in Amerika
  - politische Gründe
    - politische Verfolgung
    - Unfreiheit
    - Standesschranken
  - Abenteuerlust
    - Hoffnung auf Freiheit
    - neue Chancen
    - Traum von Reichtum

Einwanderung nach Amerika

Wirtschaftliche Not, politische und religiöse Gründe ließen im 19. Jahrhundert viele Menschen ihr Heil in der Auswanderung suchen. Zwischen 1821 und 1914 kehrten 44 Millionen Europäer ihrer Heimat den Rücken. Besonders stark stieg die Zahl der Auswanderer an, als die Zeitungen Mitte des 19. Jahrhunderts von Goldfunden in Kalifornien berichteten. Der nun einsetzende Goldrausch ließ die Hoffnungen auf ein besseres Leben in Amerika ins Unermessliche wachsen.

Zu den wichtigsten Auswandererhäfen Europas gehörten Hamburg, Bremen und Bremerhaven. Von zu Hause bzw. von der nächstgrößeren Stadt aus buchte man sowohl die Eisenbahnfahrt bis zum Hafen als auch die Schiffspassage. Da die meisten Auswanderer anfangs nicht genug Geld hatten, um ein Hotelzimmer zu bezahlen, waren sie dazu gezwungen, die häufig mehrtägige Wartezeit zwischen der Ankunft ihres Zuges und der Abfahrt des Schiffes im Freien zuzubringen. Erst 1869 errichtete z. B. der Norddeutsche Lloyd, eine der großen Schifffahrtsgesellschaften jener Zeit, in Bremerhaven eine Wartehalle für die mittellosen Passagiere der dritten Klasse.

Die Situation auf dem Schiff war – zumindest für die ärmeren Passagiere – alles andere als angenehm: Drangvolle Enge, mangelhafte Ernährung und üble hygienische Verhältnisse wurden schnell zur Qual, erst recht bei unruhiger See. Immer wieder kam es vor, dass kranke oder gebrechliche Auswanderer noch während der Überfahrt starben. Doch auch wenn die Seereise überstanden war, hieß das noch nicht, dass damit das „gelobte Land" erreicht war: In den Einwanderungshäfen wurden die Neuankömmlinge zunächst genau untersucht. Zu groß war die Gefahr, dass durch die Einwanderer Krankheiten und Seuchen ins Land geschleppt wurden. Von 1855 an wurden diese Untersuchungen in Castle Garden an der Südspitze Manhattans vorgenommen. Doch bald schon war diese Aufnahmestation zu klein für die Masse der Ankömmlinge. 1892 wurde darum auf der vor New York gelegenen Insel Ellis Island die größte Einwandererstation Amerikas eröffnet. Vielen wurde hier die Einreise verweigert, weshalb Ellis Island bald auch „Insel der Tränen" genannt wurde.

Zu der Zeit, in der „Mein Blutsbruder Winnetou" spielt, existierte die Einwandererstation auf Ellis Island noch nicht. Gründliche Untersuchungen wurden trotzdem in allen Hafenstädten vorgenommen. Wer diese überstanden hatte, zog meist mit einem der Planwagentrecks weiter nach Westen. Hier gab es noch unbebautes Land, das man einfach „in Besitz nehmen" und urbar machen konnte – denn die Indianer wurden nicht als rechtmäßige Eigentümer anerkannt.

Mr Henrys Erfindung

KV Seite 17

Die Passage, in der es um den Henrystutzen geht, wurde in der Schulausgabe gestrichen. An den auf der Kopiervorlage abgedruckten Auszug schließt sich eine längere Diskussion zwischen den beiden Männern an, die damit endet, dass Mr Henry beschließt, auf die Verwertung seiner Erfindung zu verzichten, weil er sonst Mitschuld an den damit verübten Gewalttaten tragen würde. Er wird später nur einen einzigen mehrschüssigen „Henrystutzen" wirklich herstellen und diesen Old Shatterhand zu Beginn von „Winnetou II" zum Geschenk machen.

Die Schüler lesen zunächst die Textstelle und halten Old Shatterhands Argumente stichpunktartig fest. Anschließend wird Old Shatterhands Vorwurf, dass der Hersteller einer Waffe an den damit verübten Verbrechen mitschuldig sei, in der Klasse diskutiert.

Die Diskussion kann in verschiedene Richtungen weitergeführt werden: Zum einen können die durch die dritte Aufgabe angeregten Überlegungen auf einer abstrakteren Ebene vertieft werden, wobei sich möglicherweise eine Zusammenarbeit mit dem Religions- oder Ethiklehrer anbietet. Folgende Fragestellung kann dabei zugrunde gelegt werden: Wie beurteilt ihr die Situation, wenn es sich um einen Stoff oder eine Erfindung handelt, die auch zu anderen Zwecken genutzt werden kann (z. B. Atomkraft, die sowohl in einer Bombe als auch bei der Energiegewinnung zum Einsatz kommen kann)? Gegebenenfalls können die Schüler im Anschluss daran in einem Rollenspiel das Gespräch zwischen Old Shatterhand und Mr Henry fortführen und darin die zuvor entwickelten Argumente anwenden.

Zum anderen bietet sich eine erste Diskussion über das Schicksal der Indianer an (siehe dazu auch KV Seite 31 und 32).

Lösungsvorschlag
gefährliche Waffe, wenn sie in die falschen Hände gerät; wird dazu benutzt werden, die Indianer zu vernichten; Büffel und Mustangs als Lebensgrundlage der Indianer werden ausgerottet werden

KV Seite 18 — Männer des Westens

Auf den Seiten 12 bis 15 wird der „berühmte Westmann" Sam Hawkens eingeführt – eine skurrile Gestalt, wie sie häufig in Karl Mays Werken zu finden sind: Eine ähnliche Rolle wie Sam Hawkens nehmen z. B. Hadschi Halef Omar in den Orient-Erzählungen sowie der lange Davy, der dicke Jemmy, Tante Droll oder Hobble Frank ein, die in verschiedenen Wildwestromanen gemeinsam mit Old Shatterhand und Winnetou auftreten. Der Begriff des „Westmanns", also eines Menschen, der schon lange im Wilden Westen lebt und sich mit den dortigen Sitten und Gegebenheiten auskennt, ist eine Wortschöpfung Karl Mays, hinter der sich verschiedene Berufsgruppen verbergen, die mithilfe der Kopiervorlage erarbeitet werden.

Tragen Sie zunächst im Unterrichtsgespräch zusammen, wie sich die Schüler einen typischen Westmann vorstellen. Gegebenenfalls kann jeder Schüler seine individuelle Vorstellung auch bildlich festhalten.

Anschließend lesen die Schüler den Text und füllen den Steckbrief zu Sam Hawkens aus. Ermutigen Sie sie dabei, die bildhafte Beschreibung Karl Mays in ihre eigene Sprache zu „übersetzen". Im Unterrichtsgespräch wird dann die literarische Figur mit den Vorstellungen bzw. Bildern der Schüler verglichen. Darüber hinaus informieren sich die Schüler im Internet oder mithilfe von Sachbüchern über verschiedene Berufsgruppen des Wilden Westens und tragen diese in die auf der Kopiervorlage vorgegebene Tabelle ein. Weiterführend können Porträts berühmter Mountain Men, die tatsächlich im Wilden Westen gelebt haben, erstellt und in der Klasse präsentiert werden (siehe auch Recherche, Seite 13).

Lösungsvorschlag
Name: Sam Hawkens – Größe und Gestalt: sehr klein; dürre, krumme Beine – Stimme: dünn und hoch – Gesicht: kleine, kluge Augen mit Ausdruck von schalkhafter List; eine riesengroße Nase; verworrener, schwarzer Bart – Kleidung: alter Filzhut von unbestimmter Farbe mit herunterhängender Krempe; alter, lederner Jagdrock in Übergröße, der schon häufig geflickt wurde; alte, ausgefranste Leggins; riesige Indianerstiefel – Besondere Merkmale: hat keine Haare und Kopfhaut mehr, weil er skalpiert wurde; trägt eine Perücke – Angewohnheiten: nennt sein Gewehr „Liddy"; sagt oft „wenn ich mich nicht irre"; kichert häufig vor sich hin

	Wann lebten sie im Wilden Westen?	Welchen Tätigkeiten gingen sie nach?	Wie sah ihr Alltag aus?
Trapper	vor allem in der ersten Hälfte des 19. Jahrhunderts	Fallensteller und Pelztierjäger (z. B. Biber); Export der Felle nach Europa	Erkundung des Wilden Westens; Tauschhandel mit den dort lebenden Indianern
Cowboys	hauptsächlich zur Zeit der wilden Rinderherden in Texas (1865 – 1880)	Viehhirten: Treiben von Vieh; Brandmarken; Betreuung des Viehs, z. B. bei Krankheiten	bis zu zehn Stunden am Tag im Sattel; entbehrungsreiches Leben im Freien; Gefahren durch Indianer, Viehdiebe und korrupte Landbesitzer (→ Weidekriege)

Siedler	19. Jahrhundert; starker Anstieg nach 1848 (Goldfunde in Kalifornien)	Ackerbauern (Farmer) und Viehzüchter (Ranger)	Neuanfang in unbesiedeltem Gebiet; Gefahren durch Dürren und Missernten
Goldgräber	nach Goldfunden in Kalifornien 1848 bis zur Zeit des industriellen Goldabbaus 1854	Graben nach Gold bzw. Goldwäsche in Flüssen	Leben in Goldgräbercamps oder -städten; durch unkontrollierte Zuwanderung hygienische Missstände, Krankheiten; häufig gewaltsame Auseinandersetzungen und Glücksspiel

KV Seite 19 — Greenhorn oder Westmann?

Diese Kopiervorlage kann im Anschluss an das 1. Kapitel eingesetzt werden. Hier wird ein Motiv aufgegriffen, das sich durch den ganzen Roman zieht und sicherlich auch immer wieder in der Klasse diskutiert wird: Old Shatterhand ist ein Neuling im Wilden Westen und wird von den erfahrenen Westmännern als „Greenhorn" verspottet. Ist er das tatsächlich? Zunächst setzen sich die Schüler inhaltlich mit der ironischen Definition dieses Begriffs auseinander, die der Erzähler selbst auf Seite 5 der Lektüre gibt. Anschließend wird das Ergebnis der Prüfungen festgehalten, denen sich der Ich-Erzähler unterziehen muss, bevor er in den Wilden Westen geschickt wird. Old Shatterhands besondere Fähigkeiten entlarven seine Aussage, dass er selbst ein solches Greenhorn gewesen sei, als Understatement.

Während der Lektüre können anhand der Lektionen Sam Hawkens' weitere Fähigkeiten und Kenntnisse gesammelt werden, die einen echten Westmann ausmachen. Auf der Grundlage dieser lektürebegleitenden Notizen lässt sich eine Art Abschlusszeugnis für Old Shatterhand erstellen. Die Auswahl der Fächer und die Notengebung liegt dann in der Hand der Schüler. Interessant ist es z. B. auch, Kopfnoten zu vergeben. Hier können Fragestellungen einfließen, die im Laufe der Lektüre angesprochen werden, z. B. ob der Ich-Erzähler sich zu leichtsinnig verhält (siehe Gesprächs- und Schreibanlässe, Seite 13).

Lösungsvorschlag

unerfahren — unvorsichtig
Greenhorn = Anfänger/Neuling
unwissend — naiv

WESTMANN GESUCHT

Er sollte …	richtig	falsch
• die Gesetze des Wilden Westens kennen.	☒	☐
• gute Tischmanieren haben.	☐	☒
• sich nicht übers Ohr hauen lassen.	☒	☐
• sich in der Tier- und Pflanzenwelt auskennen.	☒	☐
• auf seine Körperpflege achten.	☐	☒
• seinen Kompass nie nach Norden ausrichten.	☐	☒
• mit einer Schusswaffe umgehen können.	☒	☐
• wissen, wie man ein großes Feuer macht.	☐	☒

Der junge Mann scheint mir für die Arbeit des Landvermessers im Westen sehr geeignet. Er verfügt über hervorragende Kenntnisse in Mathematik, Arithmetik, Geometrie und Feldmesserei. Zudem besitzt er außerordentliche Kräfte und bändigt das wildeste Pferd. Auch schießt er wie ein echter Westmann. Er trifft immer ins Schwarze.

KV Seite 20 — Nordamerika

Auf dieser Kopiervorlage sind zwei unterschiedliche Karten abgebildet: eine topografisch-politische Übersicht über Nordamerika sowie eine Übersicht über die Einteilung in naturgeografische Zonen.

Nach der Lektüre des 1. Kapitels können mithilfe der Angaben im Text (Buch, Seite 18) der geplante Verlauf der Eisenbahnstrecke sowie der Vermessungsabschnitt des Ich-Erzählers und seiner Kollegen in die topografisch-politische Übersicht eingezeichnet werden. Weisen Sie die Schüler gegebenenfalls darauf hin, dass das Indian Territory dem heutigen Bundesstaat Oklahoma entspricht.

Unter Zuhilfenahme des Sachtextes „Prärien, Wälder und Felsklüfte" (KV Seite 21) können die Schüler die naturgeografischen Zonen eindeutig benennen. Die nicht im Text benannten Regionen lassen sich durch Ausschlussverfahren bzw. durch die angegebene Himmelsrichtung zuordnen. Zusätzlich können sie die Great Plains (die Prärie), die im Text eine wichtige Rolle spielen, auch in die geografisch-topografische Übersicht einzeichnen.

Lösungsvorschlag

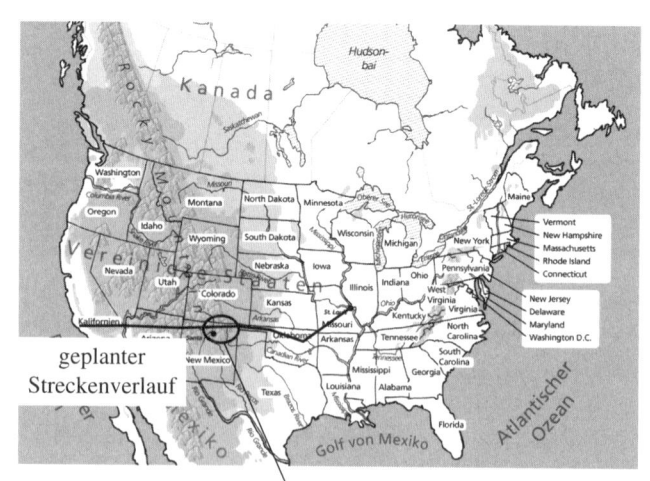

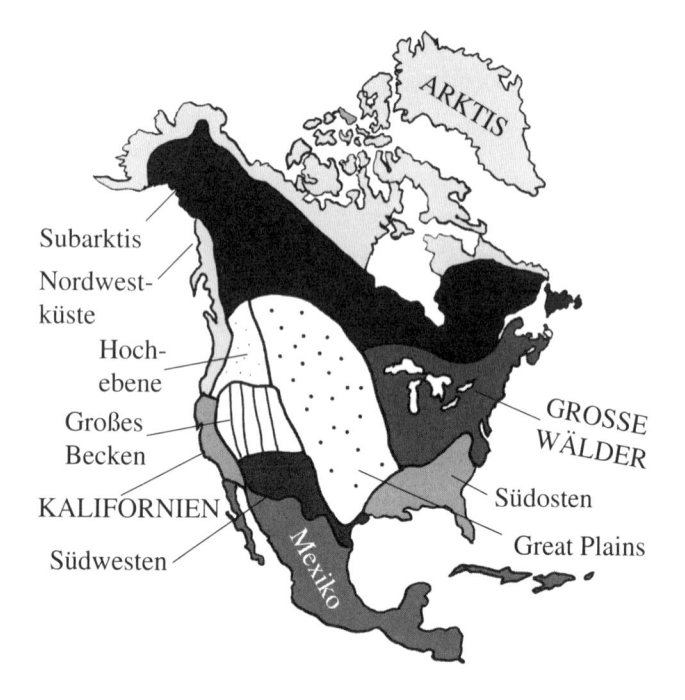

Tierwelt mit unterschiedlichen Farben unterstreichen, trainieren sie die schnelle und gründliche Informationsentnahme aus Sachtexten. Zusätzlich können die Karten „topografisch-politische Übersicht Nordamerikas" und „naturgeografische Zonen Nordamerikas" herangezogen werden. Hier können die im Text benannten Zonen eingezeichnet werden.

Lösungsvorschlag
Great Plains: im Osten fruchtbare Flussauen des Mississippi – Anbau von Feldfrüchten (Mais, Bohnen), Laubbäume (Eichen, Ulmen, Ahorne, Walnussbäume), hohes Gras (bis zu 1 m) – Rehe, Hirsche; im Westen Trockensteppe, Nähe zu den Rocky Mountains – niedriges Gras – Bisons, Mustangs
Hochebene: Hochebene, von Gebirgszügen umgeben – Wälder – Hirsche, Rehe, Grizzlybären
Großes Becken: zunehmend wüstenähnliches Klima – Hochebene – Dornbüsche, vereinzelt Nadelwald – Antilopen, Schlangen, Eidechsen, Heuschrecken
Südwesten: heißes, trockenes Klima – Hochebene mit Flüssen und Canyons – Büsche, Gräser, Kakteen, Yucca-Palmen

KV Seite 22 Kollegen unter sich

Mithilfe dieser Kopiervorlage wird die Konstellation innerhalb der Gruppe der weißen Landvermesser verdeutlicht. Konfliktsituationen, in denen diese Konstellation besonders klar erkennbar ist, finden sich im 2. und 4. Kapitel.

Indem die Schüler sich überlegen, was die Kollegen über Old Shatterhand sagen könnten, machen sie sich die Beziehung der Figuren untereinander bewusst und bringen diese auf den Punkt. Bevor die Ergebnisse in einem Standbild umgesetzt werden, kann ein Austausch in der Klasse oder in Kleingruppen erfolgen. Hierbei geht es darum herauszufinden, was die Figuren wirklich über Old Shatterhand denken, um somit zu den Ursachen für Mr Rattlers und Mr Bancrofts Verleumdungen und Aggressionen vorzudringen.

Weiterführend sollte das Verhalten Rattlers und Bancrofts gegenüber Old Shatterhand zum Anlass genommen werden, vergleichbare Situationen aus der Lebenswelt der Schüler zur Sprache zu bringen und nach gewaltfreien Reaktionsmöglichkeiten zu suchen (siehe auch Gesprächs- und Schreibanlässe, Seite 13).

KV Seite 21 Prärien, Wälder und Felsklüfte

Mithilfe dieses Sachtextes machen sich die Schüler mit den natürlichen Gegebenheiten des Westens Nordamerikas vertraut. Indem sie die im Text enthaltenen Angaben zu Klima, Landschaft, Pflanzen- und

Lösungsvorschlag

Mr Bancroft: „Trinkt nie mit uns und macht mich vor anderen schlecht. Der hält sich wohl für was Besseres!"

Sam Hawkens: „Ein verdammtes Greenhorn, aber stark und mutig. Aus dem wird noch ein ganz Großer – und ich mag ihn, wenn ich mich nicht irre."

Mr Rattler: „Der soll aufpassen, dass er mir nicht wieder in die Quere kommt! Wenn er mich noch mal vor allen demütigt, mache ich ihn fertig!"

Dick Stone und Will Parker: „Ganz neu im Westen und schon ein großer Büffeljäger und Bärentöter!"

Ingenieur: „Ständig arbeitet der – so ein Übereifriger! Bezahlt werden wir doch auch so."

Gesprächs- und Schreibanlässe

Greenhörner unter sich

Jeder Mensch ist manchmal ein Anfänger, ein „Greenhorn", und muss neue Dinge lernen und Erfahrungen sammeln – beim ersten Fußballtraining, bei der ersten Unterrichtsstunde mit einem neuen Instrument usw.

Hast du dich auch schon einmal wie ein Greenhorn gefühlt? Erzähle davon.

Wie ist das gemeint?

„Ein Greenhorn macht im Wilden Westen ein so starkes Lagerfeuer, dass es baumhoch emporlodert, und wenn das Greenhorn dann von den Indianern entdeckt und erschossen worden ist, wundert es sich darüber, dass sie es haben finden können." (Buch, Seite 5)
- Was ist an dieser Textstelle seltsam?
- Ist Karl May hier beim Schreiben ein Fehler unterlaufen? Begründe deine Meinung.
- Sammle während der Lektüre weitere „seltsame" Textstellen.

Mut oder Leichtsinn?

Weder bei der Bison- noch bei der Mustangjagd hält sich Old Shatterhand an die Anweisungen von Sam Hawkens.
- Welche Folgen hat dieses Verhalten für Old Shatterhand selbst und für Sam Hawkens?
- Sam Hawkens wirft Old Shatterhand vor, dass er leichtsinnig gehandelt hat. Stimmst du ihm zu?

Old Shatterhand und der Grizzly

Als er den Grizzlybären mit einem Messer angreift, begibt sich Old Shatterhand in Lebensgefahr, um jemandem zu helfen, der alles andere als sein Freund ist. Hätte man ihm einen Vorwurf machen können, wenn er anders gehandelt hätte? Begründe deine Ansicht.

Ist Gewalt eine Lösung?

Zweimal gerät Old Shatterhand mit Kollegen aneinander.
- Wie kommt es dazu? Erkläre.
- Wer ist wohl Schuld an dem Konflikt?
- Wie reagiert Old Shatterhand auf die Provokation seiner Kollegen? Hältst du sein Verhalten für richtig? Begründe deine Meinung.
- Bist du schon einmal in einer ähnlichen Situation gewesen? Wie hast du reagiert? Erzähle.

Recherche

Auswandererschicksale

Wie war wohl das Leben der Auswanderer, die sich im 19. Jahrhundert in den Vereinigten Staaten neu ansiedeln wollten? Recherchiere im Internet oder in einer Bibliothek und berichte über deine Ergebnisse. Informationen findest du z. B. unter *www.dah-bremerhaven.de* auf der Homepage des Museums „Deutsches Auswandererhaus".

(Die Situation auf einem Auswandererschiff im Jahre 1855 wurde für die ARD-Serie „Windstärke 8" nachgestellt, die auch als DVD erhältlich ist. Die je nach Fassung aus sechs oder sechzehn Folgen bestehende Fernsehproduktion ist dem Konzept der „Living History" verpflichtet und lässt die Geschichte der Auswanderer für den Zuschauer auf plastische Art nachvollziehbar werden. Mehr Informationen sowohl zu dieser Serie als auch zu dem Konzept der „Living History" findet sich unter *www.daserste.de/windstaerke8* sowie unter *www.wdr.de/tv/w8* im Internet. Einen kurzen Überblick über die Einwanderung nach Amerika im 19. Jahrhundert gibt der Infokasten auf Seite 9.)

Mountain Men im Wilden Westen

Recherchiere im Internet oder in Lexika über folgende Mountain Men, die im 18./19. Jahrhundert im Wilden Westen gelebt haben: Meriwether Lewis, Charles Frémont, Daniel Boone, Jedediah Smith, Kid Carson, Thomas Fitzpatrick. Erstelle zu einer der Personen ein Porträt und präsentiere es in der Klasse.

Pferdedressur

Zweimal bändigt Old Shatterhand ein scheinbar unzähmbares Pferd: Zu Anfang reitet er den als wilde Bestie geltenden Rotschimmel des Pferdehändlers zu, dann das Maultier, das Sam Hawkens sich gefangen hat. Beide Male verlässt er sich auf seine Körperkräfte.

Heute gibt es sanftere Methoden der Pferdedressur. Informiere dich darüber und berichte in der Klasse. (Diese Aufgabe bietet sich vor allem dann an, wenn reit- und pferdebegeisterte Schüler in der Klasse sind. So kann z. B.

die gewaltfreie Methode der Pferdedressur nach Linda Tellington-Jones kurz vorgestellt werden.)

Ein Leben ohne Eisenbahn
Wie wurden Personen, Güter und Post vor der Fertigstellung der Eisenbahnlinie von einem Ende des amerikanischen Kontinents zum anderen befördert?
Informiere dich im Internet oder in der Bibliothek und berichte über deine Ergebnisse.

Mögliche Ergebnisse
Eine Transportmöglichkeit wird in der Lektüre selbst erwähnt, denn der Ingenieurtrupp, dem Old Shatterhand angehört, bezieht Proviant und andere notwendige Dinge per Ochsenwagen bzw. Planwagen aus der nächstgrößeren Stadt. Auch die klassische Postkutsche, wie man sie in vielen Western sehen kann, war ein Transportmittel. Wo immer es möglich war, wurden natürlich auch die Wasserwege genutzt.

Eine besonders interessante, typisch amerikanische Art der Postübermittlung war der Pony-Express, der – auch wenn er nur kurze Zeit existierte und nie zu einem wirtschaftlichen Erfolg wurde – schnell das Vertrauen der Bevölkerung erlangte und bis heute romantische Erinnerungen weckt. Dieser Pony-Express war eine Art Reiterstafette, die ab April 1860 für eine wesentlich schnellere Beförderung kleinerer Postsendungen sorgte als andere Postdienste. Über eine Strecke von etwa 3200 km zwischen St. Joseph am Missouri und Sacramento in Kalifornien wurden in Abständen von 15 bis 20 km Zwischenstationen errichtet, an denen der Expressreiter das Pferd wechseln konnte. Nach jeweils etwa 300 km wurde auch der Reiter selbst ausgetauscht. Die langen, einsamen Ritte waren nicht nur anstrengend, sondern – nicht zuletzt aufgrund der Angriffe von Indianern – auch höchst gefährlich. Darum wurden fast ausschließlich junge, leistungsfähige Männer ohne eigene Familie angestellt. Um die Pferde nicht stärker als nötig anzustrengen, durfte der Reiter höchstens 60 kg wiegen. Rund 80 solcher Kuriere waren für den Pony-Express unterwegs. An über 150 Zwischenstationen sorgten etwa 200 Pferdepfleger für mindestens 500 Pferde. Es sollte allerdings nur eineinhalb Jahre dauern, bis der Pony-Express im Oktober 1861 eingestellt werden musste. Eine inzwischen errichtete Telegrafenleitung und bald auch die Eisenbahn hatten ihn überflüssig gemacht.

Kreativ aktiv

Auswanderergespräche
Stellt euch vor, ihr lebt im 19. Jahrhundert und reist mit einem Auswandererschiff nach Amerika. Worüber würdet ihr euch mit den anderen Passagieren unterhalten?
Findet euch zu dritt oder zu viert zusammen und entwickelt gemeinsam einen Dialog, den ihr dann der Klasse vorspielt.

Ein Indianerhemd herstellen
Aus einem alten, einfarbigen Hemd mit langen Ärmeln (am besten ein braunes oder beiges Baumwollshirt ohne Kragen und Knopfleiste) kann man sehr gut ein Indianerhemd machen. Und so geht's:
1. Hänge das Hemd auf einen Kleiderbügel oder breite es glatt auf dem Tisch aus.
2. Schneide dann mit einer Schere beide Ärmel an den Ellenbogen ab.
3. Nachdem du die Ärmel gekürzt hast, schneide etwa 6 bis 8 cm lange Fransen hinein.
4. Nun musst du dein Hemd nur noch mit Stofffarben bemalen. Sicher fallen dir eine Menge indianische Muster und Motive ein.

Tipp: Wenn dir nur ein weißes Hemd zur Verfügung steht, kannst du es auch entsprechend einfärben.
(Weitere Anleitungen zum Basteln indianischer Kleidung, indianischer Waffen, eines Tipis und vieler anderer Dinge sind zu finden in: Marion Zerbst / Werner Waldmann: Tipi, Mokassin und Powwow. Das bunte Indianer-Spiel- und Sachbuch. Luzern 1997)

Auswanderer

Lies die drei Kurzbiografien von europäischen Auswanderern im 19. Jahrhundert. Aus welchen Gründen wollen sie ihre Heimat verlassen? Schreibe stichwortartig auf die Linien.

1846
Mein Name ist Sarah Jones. Ich bin zehn Jahre alt und komme aus Dublin. Mit meinen Eltern und meinen sechs Geschwistern werde ich nach Amerika auswandern. Mein Vater hat Kartoffeln angebaut – auf Land, das einem Großgrundbesitzer gehörte. Die letzten zwei Ernten wurden durch die Kartoffelfäule vernichtet. Wovon sollten wir da noch unsere Pacht bezahlen? Zu essen gibt es kaum noch etwas, so geht es den meisten irischen Familien. Der letzte Winter war schon schlimm genug – einen weiteren würden wir gar nicht überleben.

1848
Mein Name ist Fritz Steiner. Ich bin 1809 in Baden geboren. Nach einem Studium der Rechtswissenschaften war ich lange als Anwalt tätig. Seit 1840 engagiere ich mich auch in der Politik: Mit vielen Gleichgesinnten wollte ich eine freiheitliche Verfassung nach dem Vorbild der USA durchsetzen. Denn die Adligen bereichern sich auf Kosten des Volkes. Unser Aufstand wurde jedoch vom Militär niedergeschlagen. Jetzt droht uns ein Prozess wegen Hochverrats. Zum Glück habe ich es bis auf dieses Schiff geschafft.

1850
Heinrich Reimers heiße ich und bin gerade 18 Jahre alt geworden. Ich komme aus einem kleinen Dorf bei Hamburg und sollte eigentlich Tischler werden – wie mein Vater auch. Aber das Leben hier ist nichts für mich: alles zu eng, zu klein, keine Chancen für junge Leute! Amerika, das ist etwas anderes: Das ist das Land der unbegrenzten Möglichkeiten! Da kann man noch Abenteuer erleben und reich werden! Mit meinem besten Freund werde ich all das bald erleben, wenn wir erst drüben sind.

Das Land der unbegrenzten Möglichkeiten

Beschreibt das Bild möglichst genau.

„Ankunft von Auswanderern in New York" (Holzstich, 1896)

© Historisches Museum Bremerhaven

Wähle eine der abgebildeten Personen aus. Was geht ihr wohl durch den Kopf? Schreibe ihre Gedanken, Gefühle und Hoffnungen in der Ich-Form in dein Heft.

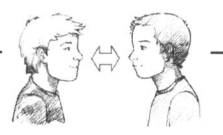

Mr Henrys Erfindung

Als der Erzähler Mr Henry in seiner Werkstatt besucht, erzählt der Büchsenmacher von seiner Erfindung, dem 25-schüssigen Henrystutzen.

Lies die vorliegende Passage aus der Originalausgabe „Winnetou I", in der das Gespräch zwischen Mr Henry und Old Shatterhand wiedergegeben wird.

Mr Henry erklärte mir: „Es wird ein Stutzen, ein Repetierstutzen mit fünfundzwanzig Schüssen. Dieses Eisen wird eine bewegliche Kugel. In der Kugel sind fünfundzwanzig Löcher, die ebenso viele Patronen enthalten. Bei jedem Schuss rückt die Kugel weiter und schiebt so die nächste Patrone an den Lauf. Habe mich lange Jahre mit dieser Idee getragen, doch es wollte nicht gelingen. Jetzt aber scheint es zu klappen. Habe schon jetzt als Büchsenmacher einen guten Namen, werde dann aber berühmt, sehr berühmt werden und viel, sehr viel Geld verdienen."

„Und ein böses Gewissen dazu!", entgegnete ich.

Er sah mir eine Weile ganz erstaunt ins Gesicht und fragte dann: „Ein böses Gewissen? Wieso?"

„Meint Ihr, dass ein Mörder kein böses Gewissen zu haben braucht?"

„Wollt Ihr etwa sagen, dass ich ein Mörder bin?"

„Jetzt noch nicht."

„Oder ein Mörder werde?"

„Zumindest werdet ihr Beihilfe zum Mord leisten und das ist genauso schlimm wie der Mord selbst."

„Wie kommt Ihr auf diese Schnapsidee? Ich werde mich hüten, Beihilfe zu einem Mord zu leisten."

„Sogar zu einem Massenmord."

„Wie das? Ich verstehe Euch nicht."

„Wenn Ihr ein Gewehr baut, mit dem man fünfundzwanzig Mal ohne Nachladen schießen kann, und es in die Hände jedes beliebigen Strolches gebt, so wird es bald ein grausiges Morden auf den Prärien, in den Urwäldern und den Schluchten des Gebirges geben. Man wird die armen Indianer niederschießen wie Kojoten und in einigen Jahren wird es keinen Indsman mehr geben. Wollt Ihr das auf Euer Gewissen laden?"

Er starrte mich an und antwortete nicht.

„Und", fuhr ich fort, „wenn jedermann dieses gefährliche Gewehr für Geld bekommen kann, so werdet Ihr allerdings in kurzer Zeit Tausende absetzen, aber die Mustangs und die Büffel werden ausgerottet werden und mit ihnen jede Art von Wild. Und wovon sollen die Indianer dann leben? Bald schon werden die Gegenden diesseits und jenseits der Felsenberge von jedem lebenden Wesen entvölkert sein."

Aus welchen Gründen spricht sich Old Shatterhand gegen die Erfindung des Büchsenmachers aus? Schreibe stichwortartig in dein Heft.

Old Shatterhand bezeichnet den Hersteller einer Waffe als potentiellen Mörder. Stimmt ihr seiner Auffassung zu? Begründet eure Meinung.

Männer des Westens

✏️ Vervollständige den Steckbrief mithilfe des Textes.

Name: _____

Größe und Gestalt: _____

Stimme: _____

Gesicht: _____
_____

Kleidung: _____
_____

Besondere Merkmale: _____

Angewohnheiten: _____
_____

👥 Entspricht Sam Hawkens eurer Vorstellung von einem typischen Westmann? Begründet.

✏️ Im 19. Jahrhundert eroberten die Europäer nach und nach auch den Westen Nordamerikas. Trage Informationen über die folgenden Berufsgruppen im Wilden Westen zusammen und schreibe sie stichwortartig auf die Linien.

	Trapper	Cowboys	Siedler	Goldgräber
Wann lebten sie im Wilden Westen?				
Welchen Tätigkeiten gingen sie nach?				
Wie sah ihr Alltag aus?				

Greenhorn oder Westmann?

✎ Was ist ein Greenhorn und durch welche Eigenschaften zeichnet es sich nach Ansicht des Erzählers aus? Lies auf Seite 5 nach. Kreise Zutreffendes ein und schreibe auf die Linien.

| unerfahren | dumm | faul | friedliebend | unwissend | sauber | höflich |

unvorsichtig

naiv

wohlerzogen

Greenhorn = _____

_____   _____

✎ Was muss ein erfahrener Westmann laut Text können oder wissen? Kreuze an.

WESTMANN GESUCHT

Er sollte …	richtig	falsch
• die Gesetze des Wilden Westens kennen.	☐	☐
• gute Tischmanieren haben.	☐	☐
• sich nicht übers Ohr hauen lassen.	☐	☐
• sich in der Tier- und Pflanzenwelt auskennen.	☐	☐
• auf seine Körperpflege achten.	☐	☐
• seinen Kompass nie nach Norden ausrichten.	☐	☐
• mit einer Schusswaffe umgehen können.	☐	☐
• wissen, wie man ein großes Feuer macht.	☐	☐

✎ Im Laufe des 1. Kapitels muss der Erzähler sein Können und Wissen mehrfach unter Beweis stellen. Anschließend schreibt Mr Henry eine kurze Empfehlung an die Atlantik-Pazifik-Gesellschaft. Verfasse dieses Schreiben.

Der junge Mann scheint mir für die Arbeit des Landvermessers im Westen sehr geeignet.

Er _____

_____

_____

_____

„Ein Greenhorn ist eben ein Greenhorn – und ein solches war damals auch ich."
Trifft diese Einschätzung des Erzählers zu? Begründet eure Meinung.

Nordamerika

✎ Lies im Buch auf Seite 18 nach. Zeichne den geplanten Streckenverlauf der Eisenbahnlinie und den Vermessungsabschnitt des Erzählers und seiner Kollegen in die Karte ein.

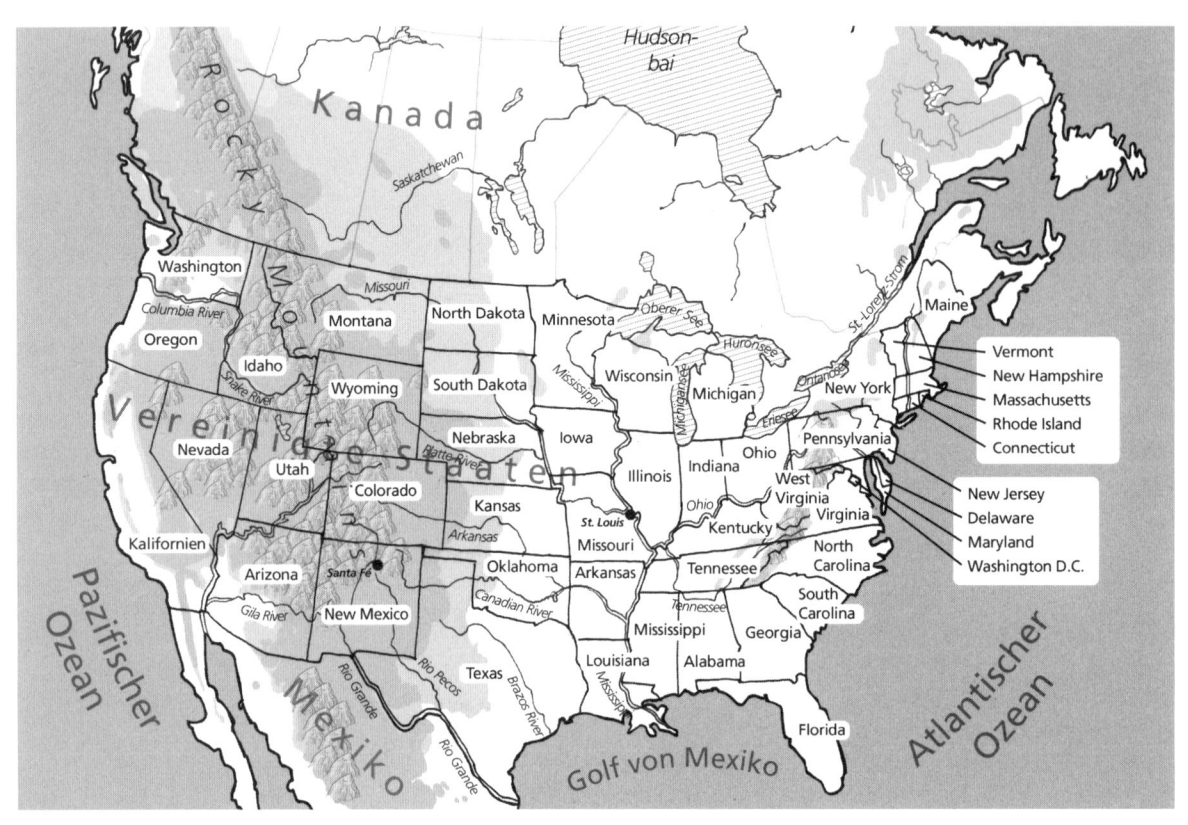

Abb. 1: topografisch-politische Übersicht Nordamerikas

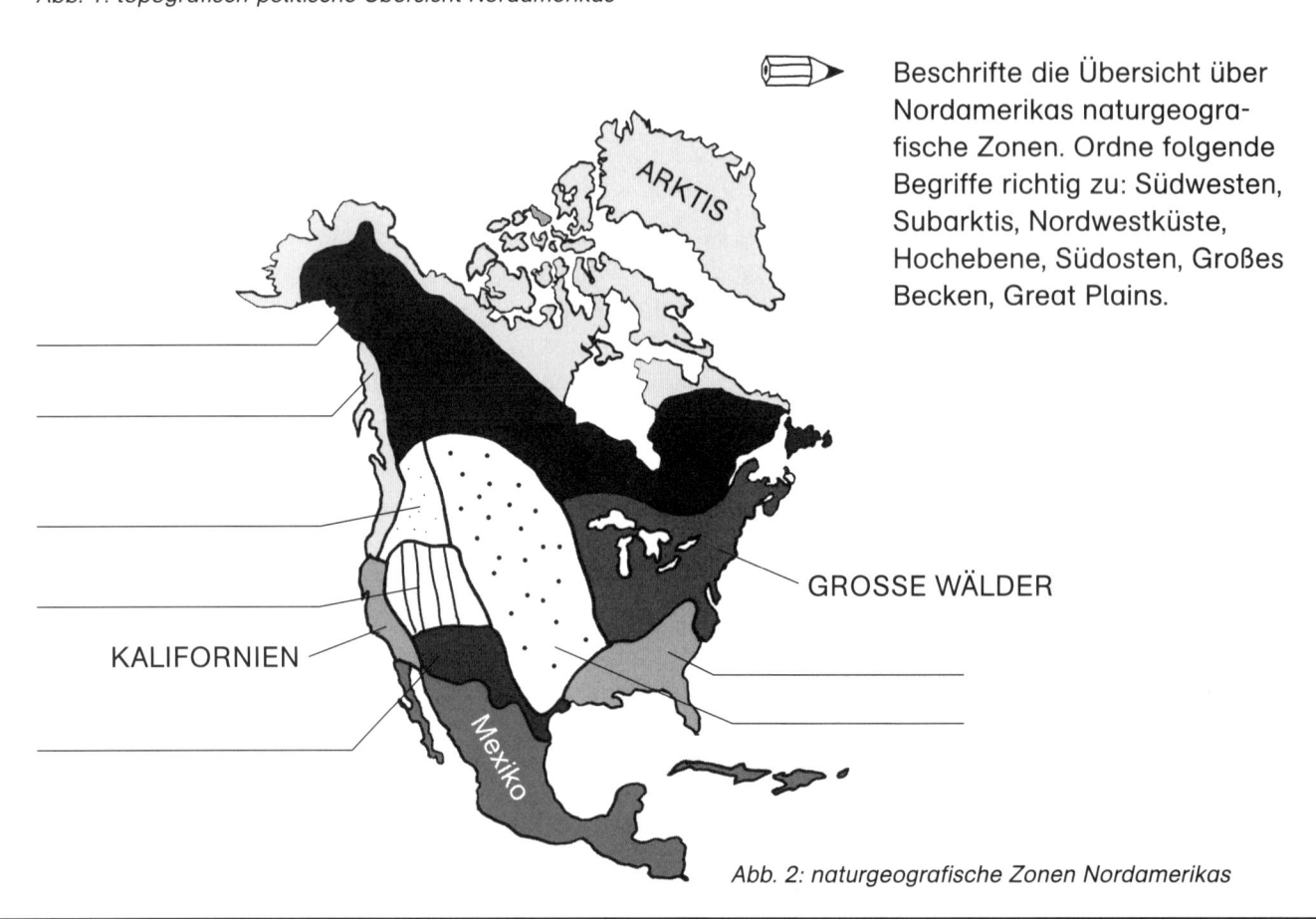

✎ Beschrifte die Übersicht über Nordamerikas naturgeografische Zonen. Ordne folgende Begriffe richtig zu: Südwesten, Subarktis, Nordwestküste, Hochebene, Südosten, Großes Becken, Great Plains.

Abb. 2: naturgeografische Zonen Nordamerikas

Prärien, Wälder und Felsklüfte

> Unterstreiche im Text, was du über die Besonderheiten der genannten naturgeografischen Zonen Nordamerikas erfährst: mit Blau Angaben zum Klima, mit Braun Angaben zur Landschaft (Berge, Ebenen, Flüsse usw.), mit Grün Angaben zur Pflanzenwelt, mit Rot Angaben zur Tierwelt.

Die Great Plains, die „großen Ebenen", sind ein riesiges Präriegebiet, das sich mitten in Nordamerika befindet. Dieses weite Grasland erstreckt sich vom Mississippi-Missouri-Tal im Osten bis zu den Ausläufern der Rocky Mountains im Westen. Im Norden sind die Great Plains durch den kanadischen Saskatchewan River, im Süden durch den Rio Grande in Mexiko begrenzt.

Vor allem im Bereich des Mississippi und seiner Nebenflüsse ist dieses Gebiet äußerst fruchtbar und eignet sich auch zum Anbau von Feldfrüchten wie Mais und Bohnen. In der Nähe der Flüsse finden sich kleine Wäldchen, in denen unter anderem Eichen, Ulmen, Ahorne und Walnussbäume wachsen. In diesen Flussauen sind auch Rehe und Hirsche zu finden. Das Gras der Prärie kann im Westen eine Höhe von über einem Meter erreichen. Weiter im Westen, wo die hohen Berge der Rocky Mountains die vom Pazifik kommenden Regenwolken zurückhalten, ist das Gras sehr viel niedriger. Hier hat die Prärie den Charakter einer Trockensteppe. Die gewaltigen Bisonherden, die die Prärie durchziehen, haben dieses spärliche Gras schnell abgeweidet und wandern nach kurzer Zeit weiter. Die Mustangs, die Wildpferde der Prärie, sind Nachkommen der Pferde, die die ersten Weißen von Europa mitgebracht haben. Da diese Pferde dort ideale Lebensbedingungen vorfanden, vermehrten sie sich rasch, sodass es bald riesige Mustangherden gab.

Nach Westen hin grenzt die Prärie an drei sehr unterschiedliche Regionen: Die nördlichste liegt zwischen dem schroffen Hochgebirge der Rocky Mountains und den direkt an der Pazifikküste gelegenen Gebirgszügen, wie z. B. der Sierra Nevada. Es handelt sich um eine von Gipfeln umgebene Ebene. Diese als „Hochebene" bezeichnete Region ist im nördlichen Teil sehr waldreich. In den Wäldern leben Hirsche und Rehe, aber auch der große, gefährliche „graue Bär", der Grizzly.

Die Hochebene geht in das „Große Becken" über. Je südlicher man kommt, desto mehr gleicht die Landschaft einer Wüste. Hier leben nur noch kleinere Tiere, wie z. B. die Antilope. Ansonsten gibt es vor allem Schlangen, Eidechsen und Heuschrecken. Anstelle großer Wälder sind nur noch Dornbüsche und kleinere Nadelwälder zu finden.

Ähnlich sieht es in der südlichsten Nachbarregion der Prärie, dem „Südwesten", aus. Hier herrscht ein heißes, trockenes Klima, in dem außer Büschen und Gräsern vor allem Kakteen und Yucca-Palmen gedeihen. An den wenigen fruchtbaren Stellen wachsen auch Nadelwälder. Ein Großteil des Gebiets besteht aus einer auf fast 2000 Metern gelegenen Hochebene. In diese haben Flüsse – wie z. B. der Colorado – tiefe, schroff abfallende Schluchten, die sogenannten Canyons, gezogen.

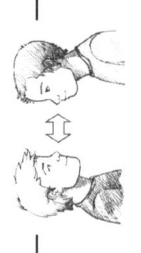

Kollegen unter sich

✏️ Wie würden sich die folgenden Figuren wohl über ihren Kollegen Old Shatterhand äußern? Schreibe in die Sprechblasen.

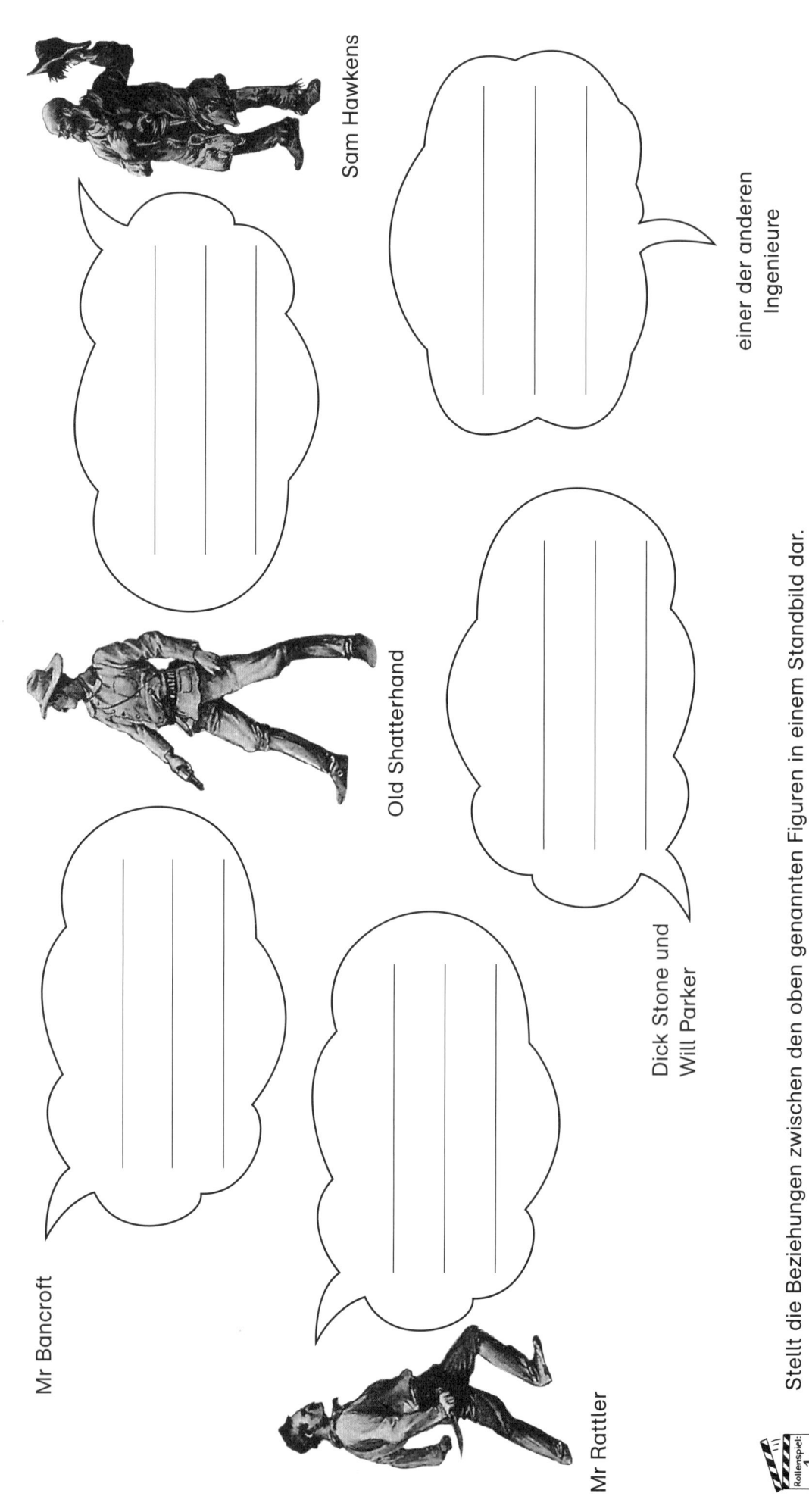

Mr Bancroft

Sam Hawkens

Old Shatterhand

einer der anderen Ingenieure

Dick Stone und Will Parker

Mr Rattler

🎬 Rollenspiel: 1. Stellt die Beziehungen zwischen den oben genannten Figuren in einem Standbild dar.

5. bis 10. Kapitel: Die Apachen zum Feind

Inhalt

Als Intschu tschuna erkennt, dass die Weißen das Land der Indianer für den Bau einer Eisenbahnlinie vermessen, hält er eine bewegende Rede über die zunehmende Verdrängung der Indianer durch die Weißen. Er bezeichnet die Vermessungsingenieure und Westleute als Länderdiebe und fordert sie auf, ihre Arbeit abzubrechen und das Gebiet der Apachen augenblicklich zu verlassen.

Old Shatterhand schämt sich. Er muss sich eingestehen, dass die Vorwürfe Intschu tschunas berechtigt sind. Diese Erkenntnis trifft ihn umso stärker, als er den Apachenhäuptling und seinen Sohn Winnetou überaus sympathisch findet. Diese wiederum bewundern den Weißen wegen seines mutigen Kampfes gegen den Grizzly. Dass der sinnlos betrunkene Anführer der unfähigen Westmänner, Rattler, Winnetou beleidigt und dafür von diesem einen Fausthieb erhält, macht die Situation nicht besser.

Die Apachen geben den Weißen eine Stunde Bedenkzeit. Winnetou und Intschu tschuna holen ihre Pferde, die sie zum Anschleichen zurückgelassen haben, während Old Shatterhand mit Klekih-petra ins Gespräch kommt. Schnell stellen sie fest, dass sie beide aus Deutschland stammen. Klekih-petra legt gegenüber dem sehr viel jüngeren Old Shatterhand eine Art Lebensbeichte ab und gesteht, dass er sein Wirken bei den Apachen als Sühne für eine große Schuld betrachtet, die er einst auf sich geladen hat.

Als Intschu tschuna den Oberingenieur Bancroft nach seiner Entscheidung fragt, führt dieser allerlei Ausflüchte an, worauf Intschu tschuna mit einem Ultimatum antwortet. Dann wendet er sich gemeinsam mit Winnetou und Klekih-petra zum Gehen. In diesem Moment schießt der immer noch betrunkene Rattler auf Winnetou, um sich für den Faustschlag zu rächen. Klekih-petra wirft sich schützend vor seinen Lieblingsschüler und wird so selbst von der tödlichen Kugel getroffen. Sterbend bittet er Old Shatterhand auf Deutsch, sein Erbe als Lehrer und Beschützer Winnetous anzutreten.

Wortlos verlassen die beiden Apachen mit der Leiche Klekih-petras den Schauplatz des Mordes. Doch es ist klar, dass sie so schnell wie möglich mit ihren Kriegern zurückkommen werden, um sich blutig zu rächen.

Die Weißen hoffen, ihre Arbeit rechtzeitig vor der Rückkehr der Apachen beenden zu können. Sicherheitshalber folgen Sam Hawkens und Old Shatterhand der Fährte Winnetous und Intschu tschunas, wobei sich Old Shatterhand als wahres Naturtalent im Spurenlesen erweist. Auf dem Rückweg zu ihren Leuten stoßen sie zufällig auf Kundschafter der Kiowa, mit denen sie sich gegen die Apachen verbünden.

Es zeigt sich jedoch schon bald, dass dieses Bündnis sehr unsicher ist: Tangua, der Häuptling der Kiowa, ist verschlagen und nur auf seinen eigenen Vorteil bedacht. Er betrachtet die Weißen weniger als Verbündete, sondern hat es vielmehr auf ihren Besitz abgesehen. Doch auch die Weißen spielen ein doppeltes Spiel: Sowohl Sam Hawkens als auch Old Shatterhand fühlen sich insgeheim zu den Apachen hingezogen und wollen mit diesen Freundschaft schließen. Darum planen sie zwar, die Apachen mit Unterstützung der Kiowa gefangen zu nehmen, sie dann aber heimlich aus der Gewalt des feindlichen Stammes zu befreien, um sich auf diese Weise ihrer Dankbarkeit zu versichern.

Zunächst scheint der Plan zu gelingen: Die angreifenden Apachen werden mithilfe der Kiowa in eine Falle gelockt und gefangen genommen, wobei es zu einem heftigen Streit zwischen Tangua und Old Shatterhand kommt, weil Letzterer auf eine menschenwürdige Behandlung der Gefangenen drängt. In der Nacht schleicht sich Old Shatterhand fort, um – ohne Sam Hawkens' Wissen – die geplante Aktion selbst vorzunehmen. Es gelingt ihm, Intschu tschuna und Winnetou zu befreien. Bei dieser Gelegenheit schneidet er eine Strähne von Winnetous Haar ab, die ihm später als Beweismittel dafür dienen soll, dass er selbst der heimliche Befreier war.

Aus Wut über die Flucht der beiden Häuptlinge will Tangua die gefangenen Apachenkrieger sofort am Marterpfahl sterben lassen. Old Shatterhand, Sam Hawkens,

Dick Stone und Will Parker versuchen dies zu verhindern. Mit einer List locken sie Tangua von seinen Kriegern fort und nehmen ihn gefangen. Um wieder freizukommen, schlägt der Kiowahäuptling einen Handel vor: Old Shatterhand soll sich mit Blitzmesser, dem besten Messerkämpfer des Stammes, in einem Zweikampf auf Leben und Tod messen. Tatsächlich gelingt es Old Shatterhand, seinen Gegner zu überwinden. Doch trotz dieses Sieges hält sich Tangua nicht an die Absprache: Er will die Apachen in Gefangenschaft halten und verschmachten lassen.

Zu den Kopiervorlagen

KV Seite 29/30 Indianervölker

Man vermutet, dass es vor der Ankunft der Weißen über tausend Indianervölker in Nordamerika gab, die jeweils eine eigene Sprache hatten. Diese können nach unterschiedlichen Kriterien in Gruppen oder Familien unterteilt werden. So gibt es z. B. zwölf untereinander verwandte Sprachfamilien (u. a. die Sioux – ein Oberbegriff für eine Gruppe von Stämmen, deren Sprachen und Bräuche größere Ähnlichkeiten aufweisen).

Der auf der Kopiervorlage abgedruckte Sachtext folgt der Einteilung nach den Kulturarealen der Indianer, die mit den naturgeografischen Zonen Nordamerikas übereinstimmen (siehe KV Seite 20, Abb. 2). Hier geht es in erster Linie darum, einen Eindruck von der Vielfalt der indianischen Kultur zu vermitteln, die über die bisweilen klischeehafte Darstellung des Karl-May-Textes hinausgeht.

Weiterführend können die Schüler Informationen über einzelne Indianerstämme der verschiedenen Kulturareale sammeln und vortragen.

Lösungsvorschlag
Indianer der Arktis: mit Fellen ausgelegte Stein- und Lehmhütten, Iglus – Kajaks, Schlitten – Fischer, Jäger (Robben, Wale)
Indianer der Subarktis: kugelförmige Stangenzelte – aus Birkenrinde hergestellte Kanus, Schneeschuhe aus Birkenholz und Leder – Jäger und Fallensteller (Biber, Nerze, Luchse, Marder, Karibus), Erfinder des Ahornsirups
Indianer der Nordwestküste: Häuser aus Zedernholz – Jäger (Wale, Robben), Fischer, Schnitzer (Masken und Totempfähle)
Indianer des Südostens: Hütten, die um ein großes Beratungshaus herumgebaut wurden, Schutz durch Palisadenzaun oder Wachturm – Bauern (Mais, Bohnen, Sonnenblumen, Kürbisse), Jäger
Indianer Kaliforniens: Giebelhäuser oder Kegeldachhütten, bedeckt mit Gras oder Rinde – Sammler (Wildfrüchte, Samen, Wurzeln), Jäger, Fischer, Flechter
Indianer des Nordostens: Dörfer aus Langhäusern bzw. Pfahlbauten – Ackerbau (Bohnen, Mais, Wasserreis), Jäger (Elche, Hirsche, Hasen, Bären), Sammler (Kräuter, Pilze, Beeren)
Indianer der Hochebene: Hütten aus Buschwerk, Erdhütten – Jäger, Fischer (Lachs)
Indianer des Großen Beckens: Windschirme – Jäger (Antilopen, Kaninchen, Schlangen, Heuschrecken), Sammler (Nüsse, Wurzeln, Beeren), Flechter (Kleidungsstücke, Körbe)
Indianer des Südwestens: mehrstöckige Häuser aus Steinen oder Lehmziegeln – Bauern (Mais, Kürbisse, Wasserreis, Bohnen), Weber, Töpfer, Jäger (Bisons)
Indianer der Great Plains: feste Dörfer in Flussauen, im Sommer Tipis – Mustangs – Bauern (Mais, Bohnen, Sonnenblumen, Tabak), im Sommer Jäger (Bisons)

Gemeinsamkeiten und Unterschiede: mögliche Unterteilung in sesshafte und nicht sesshafte Stämme; Jäger, Fischer, Bauern oder Sammler, zurückzuführen auf unterschiedliche Lebensbedingungen (Klima, Flora, Fauna, Landschaftsform); auch bei Behausungen und Fortbewegungsmitteln Anpassung an den Lebensraum

KV Seite 31 Eine Eisenbahnlinie von Ost nach West?

Auf der Grundlage dieser Kopiervorlage sollen die Schüler Vor- und Nachteile der Atlantik-Pazifik-Linie herausarbeiten. In einem ersten Schritt wird aus einem kurzen Text der Zustand vor dem Bau der Eisenbahnlinie herausgearbeitet. Anschließend sollen die Schüler in Kleingruppen überlegen, was sich durch das neue Verkehrsmittel ändern würde. Eine Mind Map bietet einige Denkanstöße. Anschließend versetzen sich die Schüler in eine vorgegebene Person hinein und entwickeln aus deren Perspektive Argumente für oder gegen den Bau der Eisenbahnlinie. Eventuell können sie dabei die Rolle noch ausgestalten. Je nach Kenntnisstand der Schüler empfiehlt es sich, in diesem Zusammenhang die Regeln der Argumentation zu wiederholen. In einer von einem Moderator geleiteten Diskussionsrunde können die verschiedenen „Personen" ihre Argumente vorbringen.

In der Lösung finden Sie einen Überblick über die Folgen des Baus der Eisenbahnlinie für die Natur und die betroffenen Personengruppen.

Lösungsvorschlag

	vor dem Bau der Eisenbahn	nach dem Bau der Eisenbahn
Situation der weißen Siedler	• Sie leben einsam und sind ganz auf sich gestellt. • Sie sind abgeschnitten von Handelswegen.	• Ortschaften wachsen, gegenseitige Nachbarschaftshilfe ist möglich. • Weite Strecken können schneller zurückgelegt werden. • Arzt, Schule, Kirche, Geschäfte werden leichter erreichbar. • Eigene Produkte können leichter verkauft und fremde Produkte gekauft werden.
Situation der Indianer	• Die alte Lebensweise und Stammeskultur ist noch weitgehend intakt. • Sie leben als Jäger oder als Bauern von einem bescheidenen Ackerbau.	• Mehr Weiße kommen in indianisches Gebiet und machen das Aufrechterhalten der ursprünglichen Lebensweise immer schwieriger. • Jagen wird infolge der Veränderungen der Natur immer schwieriger.
wirtschaftliche Situation des Landes	• Das Land ist agrarisch geprägt.	• Der Handel spielt eine immer wichtigere Rolle, auch industrielle Produktion wird durch die bessere Verkehrsanbindung möglich.
Natur	• Die Natur befindet sich im Gleichgewicht, da der Mensch nur wenig eingreift.	• Die wachsende Bevölkerung lässt den Tierbestand schrumpfen und drängt zudem den Lebensraum der Tiere zurück.

Der Widerstand der Indianer

KV Seite 32

Als Anbindung an die Lektüre kann zunächst die Rede Intschu tschunas auf Seite 58 gelesen werden. Wesentliche Kritikpunkte werden festgehalten. Anschließend setzen sich die Schüler mithilfe des auf der Kopiervorlage abgedruckten Sachtextes mit Haltung und Verhalten von Indianern und Weißen auseinander, um darüber zu diskutieren. Eine Recherche zu weiteren Indianerhäuptlingen des Widerstands ergänzt das Wissen der Schüler.

Lösungsvorschlag

Weiße: fühlen sich den Indianern überlegen → Verträge mit diesen sind nicht bindend, ihre Rechte müssen nicht respektiert werden → Landraub und Vertragsbruch der Weißen ist kein Verbrechen, Widerstand der Indianer durchaus
Ziele der Indianer: Verteidigung ihres Landes, Bewahren ihrer Kultur
Mittel der Indianer: Zusammenschluss von verschiedenen Stämmen, Kampf, Verhandlungen, Geistertanz

Der Widerstand der Indianer war angesichts der waffentechnischen und zahlenmäßigen Überlegenheit der Weißen vergeblich. Verhandlungen scheiterten daran, dass die Weißen die Indianer nicht als gleichberechtigte Vertragspartner betrachteten. Der Schamanenkult der „Geistertänzer" erwies sich ebenfalls als erfolglos. Andere Möglichkeiten der Gegenwehr gab es nicht.

Indianerhäuptlinge des Widerstands

Geronimo gehörte zu den Chiricahua-Apachen. Er lebte von 1829 bis 1909. Den Weißen stand er unversöhnlich gegenüber, nachdem seine Familie von Mexikanern getötet worden war. Im Grenzgebiet zwischen Arizona und Mexiko überfiel er mit seinen Kriegern weiße Siedler. Trotz ihrer Übermacht konnte die US-Armee der entschlossenen und beweglichen Truppe Geronimos nicht Herr werden. 15 Jahre dauerte es, bis Geronimo sich 1886 schließlich einer Übermacht von 5000 Soldaten ergeben musste. Er hatte zu diesem Zeitpunkt nur noch knapp 40 Leute bei sich. Man brachte ihn ins Gefängnis, ließ ihn aber nach drei Jahren wieder frei. Als 80-jähriger Mann starb er schließlich in einem Reservat, in das man die Reste seines Stammes eingewiesen hatte.
Cochise, der zwischen ca. 1815 und 1874 gelebt hat, war der Häuptling der Chiricahua-Apachen. Zunächst war er auf einen Ausgleich mit den Weißen bedacht.

Doch dann beschuldigte ihn ein Leutnant der US-Armee, einen Jungen entführt zu haben. Um sich zu wehren, griffen Cochise und seine Krieger nun zu den Waffen. Es folgten jahrelange erbitterte Kämpfe zwischen den Chiricahua-Apachen und der Armee. Erst 1879, fünf Jahre nach Cochises Tod, legten die letzten Indianer die Waffen nieder.

Crazy Horse – geboren um 1839 – wurde in seiner eigenen Sprache Tashunka Witko, „geheimnisvolles Pferd", genannt. Er war der Kriegshäuptling der Oglallah-Sioux und kämpfte erbittert gegen die weißen Eindringlinge. 1876 errang er gemeinsam mit Sitting Bull einen eindrucksvollen Sieg über die US-Armee. Trotzdem musste er sich schließlich mit etwa 1000 Kriegern ergeben und starb 1877 an einer Stichverletzung, die ihm ein Soldat zugefügt hatte.

Tecumseh, der „sich duckende Puma", lebte von 1768 bis 1813. Er war der Oberhäuptling der Shawnees, die zur Familie der Algonkin gehörten. Er versuchte, viele Stämme miteinander zu verbünden und eine gemeinsame Strategie gegen die Weißen zu entwickeln. Doch sein großes Einigungsprojekt schlug fehl. Zu groß waren die Gegensätze und das Konkurrenzdenken unter den Indianern. Also wechselte Tecumseh die Taktik: Er schlug sich auf die Seite der in Kanada stationierten Engländer, die 1812 gegen die USA Krieg führten. Mit ihrer Hilfe hoffte er, die Amerikaner empfindlich zu schwächen. Er galt in diesem Krieg als englischer Offizier und hatte den Oberbefehl über sämtliche indianische Freiwillige in der englischen Armee. 1813 fiel er im Kampf.

Chief Joseph lebte von etwa 1840 bis 1904. Der Häuptling der Nez Percé hatte in einer Missionsschule lesen und schreiben gelernt. Dort hatte er auch den christlichen Namen Joseph erhalten. Sein indianischer Name Hinmut-too-yan-lat-kekht bedeutet so viel wie „Donner, der in den Bergen grollt". Chief Joseph war den Weißen zunächst durchaus freundlich gesonnen und bemühte sich, in Verhandlungen ein Bleiberecht für sein Volk zu erreichen. Doch die weißen Siedler versuchten, die Nez Percé ganz aus ihrem angestammten Gebiet zu vertreiben und sie weit weg in einem kargen Reservat anzusiedeln. Da nahm Chief Joseph den Kampf auf. 1877 verlor er mit seinen Kriegern eine Schlacht gegen die US-Armee. Er starb 1904 in Colville in Washington – angeblich an einem gebrochenen Herzen.

Woran die Indianer glaubten

KV Seite 33

Mithilfe vorgegebener Zitate setzen sich die Schüler mit dem Glauben der Indianer auseinander. Sowohl ihr Verhältnis zur Natur als auch die unterschiedlichen Jenseitsvorstellungen verschiedener Stämme werden zur Sprache gebracht. Davon ausgehend können grundlegende Gemeinsamkeiten und Unterschiede mit den Vorstellungen anderer Religionen zum Ausdruck gebracht werden. Hier bietet sich eine Zusammenarbeit mit dem Religions- bzw. Ethikunterricht an. Noch interessanter wird es, wenn in Ihrer Klasse Schüler unterschiedlicher Religionen über ihren Glauben berichten können.

Abschließend sollte Klekih-petras christlicher Missionarseifer kritisch hinterfragt werden (siehe Gesprächs- und Schreibanlässe, Seite 27). Darüber hinaus kann überlegt werden, welche der indianischen Werte und Vorstellungen auch für uns von Bedeutung sein könnten bzw. inwieweit sich der indianische Umgang mit der Natur in der heutigen Zeit umsetzen ließe. Dafür kann z. B. die bekannte Rede des Häuptlings Seattle herangezogen werden: „Erst wenn der letzte Baum gerodet ist [...], werdet ihr feststellen, dass man Geld nicht essen kann."

Lösungsvorschlag

„Großer Geist": wohnt in allen Tieren, Pflanzen und unbelebten Gegenständen, allmächtige Lebenskraft, die alle Geschöpfe und Gegenstände beseelt, eigentlich „Großes Geheimnis"

Verhältnis Mensch – Natur: Erde als Mutter/Ernährerin; Mensch als Teil, nicht als Herr der Natur; Gleichberechtigung; Dialog möglich

Gemeinsamkeiten: Alle vier Stämme – wie auch alle anderen nordamerikanischen Indianervölker – glauben an ein Leben nach dem Tod.

Unterschiede: Während die drei anderen Stämme an ein von der Welt der Lebenden getrenntes Jenseits, die „Ewigen Jagdgründe", glauben, nehmen die Irokesen an, dass die Verstorbenen als Schatten in unmittelbarer Nähe zu den Lebenden weiterexistieren.

Während die Sioux glauben, dass die Seelen von schlechten Menschen als Sühne für begangene Sünden umherirren müssen und die Seelen der guten Menschen in den Ewigen Jagdgründen eine neue Heimat finden, sehen die Crow es genau umgekehrt: Ihnen gilt das Gebundensein an einen Ort als Strafe, während die Seele eines guten Menschen frei wie ein Vogel ist und überall hingelangen kann.

Typisch Kiowa, typisch Apache?
KV Seite 34

Bei seiner Figurenzeichnung verfährt Karl May auf der Seite der Indianer – ebenso wie auf der Seite der Weißen – nach dem Prinzip der Schwarz-Weiß-Malerei: Der verlogene, feige und unmoralische Kiowa Tangua bildet den Gegenpol zu den edlen Häuptlingen der Mescalero-Apachen. Zunächst arbeiten die Schüler diese Polarisierung mithilfe vorgegebener Adjektive heraus und belegen diese anhand geeigneter Textstellen: Intschu tschuna wird bereits im 4. bzw. 5. Kapitel, Tangua im 7. Kapitel näher beschrieben. Hier werden die grundlegenden Charakterzüge deutlich, weitere zeigen sich im Laufe der Lektüre.

Anschließend soll das in der Lektüre gezeichnete Bild anhand zweier kurzer Sachtexte und eines zeitgenössischen Lexikoneintrags hinterfragt werden. Weisen Sie die Schüler gegebenenfalls darauf hin, dass Letzterer das Indianerbild zur Zeit Karl Mays widerspiegelt. Des Weiteren können die Schüler das Verbreitungsgebiet der beiden Indianerstämme (siehe Karte Nordamerikas, KV Seite 20) und die in der Lektüre beschriebene Lebensform des jeweiligen Stammes überprüfen. In diesem Zusammenhang kann bereits die Kopiervorlage zu Leben und Werk Karl Mays hinzugezogen werden (siehe KV Seite 52).

Lösungsvorschlag
Intschu tschuna: höflich, gewandt, beherrscht, ruhig, edel, würdevoll, mutig, stolz
Tangua: unehrlich, kriegerisch, furchterregend, unmoralisch, angeberisch, diebisch, finster, angriffslustig, dumm

Mögliche Belegstellen: erste Begegnung mit Intschu tschuna (Seite 49); Rede gegen den Bau der Eisenbahnlinie (Seite 58/59); Reaktion auf die Ermordung Klekih-petras (Seite 65) – erster Eindruck des Ich-Erzählers von Tangua (Seite 82); Verhalten gegenüber den verbündeten Weißen (Seite 82, Seite 85); Reaktion auf Sam Hawkens' „Sprengstoff-Geschichte" (Seite 84)

Karl May hat sich bei der Beschreibung der Kiowa an dem Bild orientiert, das im 19. Jahrhundert verbreitet war, auch wenn dabei der Aspekt außer Acht gelassen wird, dass deren Überfälle häufig der Verteidigung dienten. Mit Winnetou und Intschu tschuna hat er ein positives Gegenbild zu dem im 19. Jahrhundert verbreiteten Image der Mescalero-Apachen geschaffen. Auch die Lebensweise in Pueblos (siehe 12. Kapitel) entspricht nicht der Realität.

Gesprächs- und Schreibanlässe

Der rechte Glaube?
Klekih-petra sagt im Gespräch mit Old Shatterhand: „Könnte ich doch den Tag erleben, an dem sich Winnetou einen Christen nennt!" (Seite 61)
- Warum ist das für Klekih-petra so wichtig?
- Denkst du, es ist richtig, dass Klekih-petra dem Indianer Winnetou seinen Glauben nahebringen will? Begründe deine Meinung.
- Klekih-petra hält seinen christlichen Glauben für den einzig richtigen. Gibt es auch heute noch Menschen, die so denken? Nenne Beispiele.

Old Shatterhands Tagebuch
Nach der Ermordung Klekih-petras durch Mr Rattler ist Old Shatterhand zutiefst aufgewühlt. Er reitet davon, um zunächst einmal allein zu sein.

Stell dir vor, dass er dabei im Schatten eines Baumes Rast macht und in sein Tagebuch schreibt. Er erzählt darin von seiner Begegnung mit Klekih-petra, Winnetou und Intschu tschuna sowie von Klekih-petras Ermordung. Schreibe diesen Tagebucheintrag.

Sam Hawkens' List: Pro oder kontra?
Sam Hawkens will sich der Kiowa bedienen, um den drohenden Angriff der Apachen abzuwenden.
- Fasse mit eigenen Worten zusammen, wie sein Plan genau aussieht.
- Kann Sam Hawkens' Plan aufgehen? Findest du seine Vorgehensweise fair? Was spricht für, was spricht gegen seinen Plan? Lege eine Tabelle an, in der du Pro- und Kontra-Argumente sammelst.
- Wie hättest du dich verhalten?

Lösungsvorschlag
Sam Hawkens will die Apachen mit ihren Anführern Winnetou und Intschu tschuna von den Kiowa gefangen nehmen lassen. Anschließend will er sie selbst befreien, sodass er als Retter dasteht. So hofft er Frieden mit ihnen zu schließen.

Pro	Kontra
Die Dankbarkeit spielt bei den Apachen eine große Rolle. Sam kann sich das zunutze machen.	Auch wenn der Verrat in diesem Fall den Kiowa schadet und den Apachen nützt, könnte es sein, dass die Apachen Sams Verhalten missbilligen.
Der Krieg zwischen Apachen und Kiowa ist bereits ausgebrochen. Sam macht sich also nicht schuldig, wenn er sich diesen bereits bestehenden Konflikt zunutze macht.	Auch wenn der Krieg zwischen Kiowa und Apachen bereits ausgebrochen ist, wird dieser doch durch Sams Verhalten weiter angeheizt. Insofern macht Sam sich schuldig.
Sam ist zwar nicht ganz offen zu den Kiowa, doch diese verhalten sich den Weißen gegenüber letztlich auch nicht korrekt.	Indem er den Kiowa seine wahren Beweggründe verschweigt, hintergeht er sie.
Für Sam und die anderen Weißen geht es um Leben und Tod. Das entschuldigt ihr Verhalten.	Auch wenn es für Sam und die anderen Weißen um Leben und Tod geht, ist Sams List unfair. Er müsste ungeachtet der drohenden Folgen mit offenen Karten spielen.

Kreativ aktiv

Fährtenlesen

Im Rahmen eines Wandertages, eines Projekttages zum Thema Indianer oder einer Klassenfahrt kann das Fährtenlesen geübt werden. Da es dabei etwas schlammig wird, sollten die Schüler am besten Schuhe und Kleidung zum Wechseln dabeihaben. An einer Stelle mit feuchtem Sand oder feuchtem Erdreich bewegen sich zwei Schüler – unbeobachtet von ihren Mitschülern – eine Weile hin und her: Sie stehen, gehen, hüpfen, laufen, drehen sich, setzen sich auf den Boden usw. Dabei hinterlassen sie Spuren, die die anderen anschließend deuten müssen. Die Schüler, die die Spuren hinterlassen haben, müssen sich natürlich merken, was sie in welcher Reihenfolge gemacht haben.

Winnetou in Fesseln – eine Bildergeschichte

Was geht Winnetou wohl durch den Kopf? Er ist an einen Baum gefesselt und hat den sicheren Tod vor Augen. Dann kommt plötzlich ein geheimnisvoller Retter und befreit ihn.

Male eine Serie von fünf Bildern. Die Bilder haben die folgenden Titel: „Winnetou wird gefangen genommen", „In Fesseln", „Ein unerwarteter Retter", „Der Wächter bemerkt die Flucht", „Winnetou auf der Flucht". Versieh dabei die abgebildeten Personen jeweils mit Denkblasen, in die du schreibst, was den Betreffenden in diesem Moment durch den Kopf geht.

Gewissensbisse

Old Shatterhand hat gewonnen! Er hat Blitzmesser im Zweikampf erstochen. Es ist das erste Mal, dass er einen Menschen getötet hat. Das geht nicht spurlos an ihm vorüber. Er sucht das Gespräch mit Sam Hawkens, um mit ihm über seine Gewissensbisse zu sprechen. Sam versucht ihn zu beruhigen.

Schreibe zusammen mit einem Partner diesen Dialog. Spielt ihn dann in der Klasse vor.

Indianervölker (1)

Lies die folgenden Texte über die Kulturgruppen, denen sich die verschiedenen Indianerstämme zuordnen lassen. Unterstreiche jeweils mit Blau die Angaben zu ihren Behausungen, mit Rot die Angaben zu Fortbewegungsmitteln, mit Grün die Angaben zu Ernährung und Lebensunterhalt.

Indianer der Arktis

Sie lebten im Gebiet des heutigen Alaska und sind eng verwandt mit den Bewohnern der arktischen Gebiete Grönlands. Die meiste Zeit dienten ihnen mit Fellen ausgelegte Stein- und Lehmhütten als Unterkünfte. Iglus aus Eis wurden auf längeren Handelsreisen als Zwischenunterkünfte genutzt. In erster Linie ernährten sie sich vom Fischfang sowie von der Robben- und Waljagd. Ihre Fortbewegungsmittel waren Kajaks (geschlossene Paddelboote) und Schlitten.

Indianer der Subarktis

Ihr bevorzugtes Fortbewegungsmittel war das aus Birkenrinde hergestellte Kanu. Auf den Flüssen kam man viel schneller voran als durch das Dickicht der Nadelwälder. Um sich auf dem Land fortzubewegen, bauten sie Schneeschuhe aus Birkenholz und Leder. Ohne diese war im Winter kaum an ein Vorankommen zu denken. Da diese Indianerstämme viel unterwegs waren, lebten sie in kugelförmigen Stangenzelten, die den Tipis der Prärieindianer glichen. Als Jäger und Fallensteller fingen sie Tiere wie Biber, Nerze, Luchse, Marder und Karibus. Die Indianer der Subarktis erfanden auch den heute noch in weiten Teilen der USA beliebten Ahornsirup, den sie aus dem Saft des Ahornbaums kochten.

Indianer der Nordwestküste

An der Nordwestküste war es nicht schwierig, sich das Überleben zu sichern: Die Jagd auf Wale und Robben sowie der Fischfang – sowohl auf dem Meer als auch in den Mündungsgebieten der Flüsse – waren so ergiebig, dass die Indianer der Nordwestküste auf der Suche nach Nahrung nicht umherziehen mussten. Sie waren sesshaft und lebten in fest gefügten, großen Häusern aus Zedernholz, die meist mehrere Familien beherbergten. Da sie weniger Zeit für die Suche nach Nahrung aufwenden mussten als die Indianer anderer Gebiete, hatten die Küstenindianer auch Muße für andere Beschäftigungen. So schnitzten sie unter anderem Masken und prächtige Totempfähle, die ihrem religiösen Kult dienten.

Indianer des Südostens

Die Indianer des Südostens waren sesshaft. Sie bauten vor allem Mais, Bohnen, Sonnenblumen und Kürbisse an, gingen aber auch auf die Jagd. In ihren Dörfern gruppierten sich die einzelnen Hütten um ein großes Beratungshaus. Zum Schutz vor feindlichen Überfällen umgaben die Indianer des Südostens ihre Dörfer meist mit einem Palisadenzaun. Manche Dörfer hatten auch einen Wachturm.

Indianer Kaliforniens

Die Indianer Kaliforniens lebten in Giebelhäusern oder Kegeldachhütten, die mit Rinde oder Gras bedeckt waren – und zwar ebenerdig, halbversenkt oder als Erdhaus. An der Küste findet man ein bewaldetes Gebiet mit mildem Klima, im Südosten eher wüstenähnliche Bedingungen. Die Indianer Kaliforniens sammelten Wildfrüchte (vor allem Eicheln), Samen und Wurzeln und gingen auf die Jagd. Bekannt waren sie für ihre Flechtkunst. An der Küste wurden zudem Fische gefangen und Muscheltiere gesammelt.

Indianervölker (2)

Indianer des Nordostens
Die Indianer des Nordostens waren meist sesshaft und lebten in festen Dörfern. Ihre Behausung war das sogenannte Langhaus. Solche Langhäuser konnten bis zu fünfzig Meter lang sein. Darin wohnten gewöhnlich mehrere Familien, von denen jede einen eigenen Raum hatte. In sumpfigen Gebieten wurden auch Pfahlbauten errichtet.

Auf ihren Feldern bauten die Indianer des Nordostens Bohnen, Mais und in manchen Gebieten auch Wasserreis an. Ihren Fleischbedarf deckten sie durch die Jagd – unter anderem auf Elche, Hirsche, Hasen und Bären – und den Fischfang. Außerdem sammelten sie Kräuter, Pilze und Beeren.

Indianer der Hochebene
Auf der Hochebene gab es viel Wald, sodass die Indianer hier gut von der Jagd leben konnten. Auch die Flüsse boten ausreichend Nahrung. Vor allem der Lachsfang war für die Indianer der Hochebene von Bedeutung. Ihre Hütten wurden aus Buschwerk gebaut und besaßen oft einen Rahmen mit Giebel. Im Winter lebten einige dieser Stämme in Erdhütten.

Indianer des Großen Beckens
Im Großen Becken war die Natur ausgesprochen karg. Die hier lebenden Indianer machten vor allem Jagd auf Antilopen und Kaninchen. Aber auch Schlangen und Heuschrecken wurden als Nahrung nicht verschmäht. Außerdem sammelten die Indianer des Großen Beckens Nüsse, Wurzeln und Beeren. Sie lebten unter Windschirmen. Bekannt waren sie für ihre Flechtkunst: Aus Pflanzenfasern wurden z. B. Kleidungsstücke und Körbe hergestellt.

Indianer des Südwestens
Das Gebiet der Indianer des Südwestens war eine Hochebene, auf der infolge der großen Hitze und Trockenheit nur wenige Pflanzen wuchsen. Den hier lebenden Indianern war es dennoch gelungen, durch ein ausgeklügeltes Bewässerungssystem in den Flusstälern fruchtbare Felder zu schaffen, auf denen sie Mais, Kürbisse, Wasserreis und Bohnen anbauten. Die häufig mehrstöckigen Häuser bestanden aus Steinen oder Lehmziegeln. Die hier ansässigen Stämme beherrschten verschiedene Handwerke, wie z. B. das Weben oder Töpfern.

Einige Stämme zogen aber auch regelmäßig zur Jagd auf die Prärie hinaus. Für einen Teil ihrer Jagdbeute tauschten sie dann bei den sesshaften Indianern ihrer Heimat Feldfrüchte ein.

Indianer der Great Plains
Die meisten Prärieindianer hatten feste Dörfer in den Flussauen. Hier bauten sie Mais, Bohnen, Sonnenblumen und Tabak an. Jedes Jahr aber zogen sie mit ihren Tipis wochenlang auf die karge Prärie hinaus, um Bisons zu jagen. Das Leben der Prärieindianer änderte sich grundlegend, als die Spanier, die ersten Weißen in diesem Gebiet, Pferde ins Land brachten. Entlaufene Pferde verwilderten und bildeten bald große Herden. Diese Wildpferde, Mustangs genannt, fingen die Prärieindianer ein und zähmten sie. Bald gehörten die Stämme der Prärieindianer zu den besten Reitervölkern. Nun war auch die Jagd auf Bisons viel einfacher geworden.

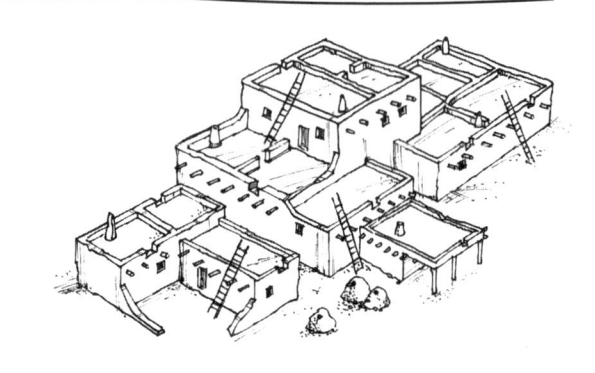

Arbeitet Gemeinsamkeiten und Unterschiede der verschiedenen Indianergruppen heraus. Sprecht darüber, wie diese entstanden sind.

Eine Eisenbahnlinie von Ost nach West?

Lies den Text über die Prärie Nordamerikas vor dem Bau der Eisenbahnlinie.

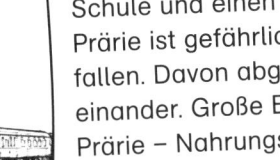

> In den Flussauen des weitläufigen Prärielandes liegen die Dörfer der ansässigen Indianerstämme und vereinzelt wenige Farmen europäischer Siedler, die dort ihre Felder bewirtschaften. Die nächste größere Stadt, wo es Geschäfte, eine Schule und einen Arzt gibt, ist mehrere Stunden entfernt. Der Weg durch die Prärie ist gefährlich, weil immer wieder Indianerstämme Planwagentrecks überfallen. Davon abgesehen leben die Indianer und die Siedler aber friedlich nebeneinander. Große Bisonherden bevölkern die ansonsten karge Trockensteppe der Prärie – Nahrungsgrundlage für die indianischen Jäger, die im Einklang mit der Natur leben.

Was verändert sich durch das neue Verkehrsmittel? Sprecht darüber in der Gruppe. Übertragt die Mind Map auf ein großes Blatt Papier und ergänzt sie.

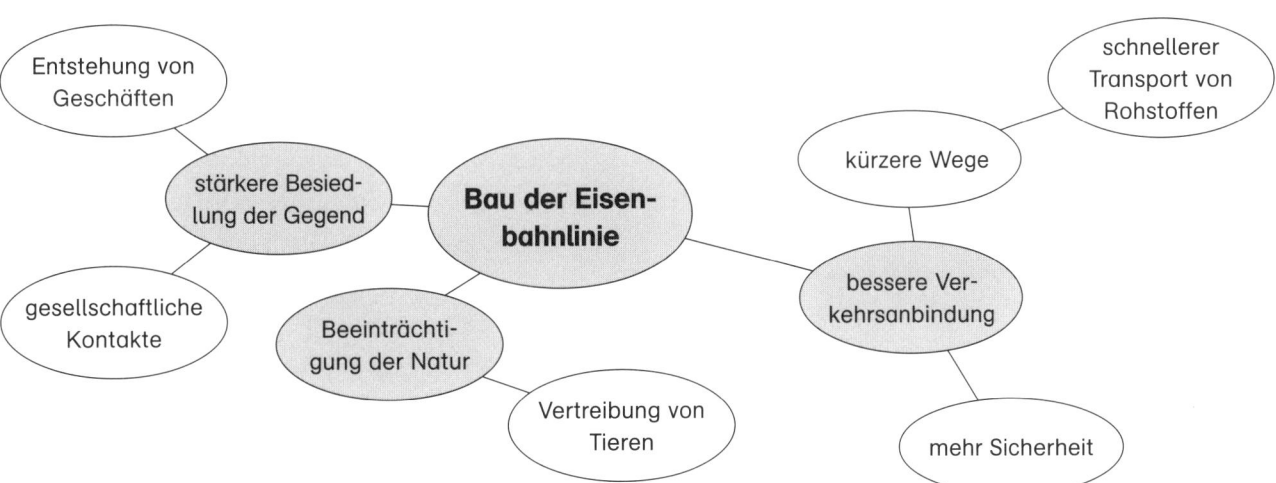

Mind Map – **Bau der Eisenbahnlinie**:
- Entstehung von Geschäften
- stärkere Besiedlung der Gegend
- gesellschaftliche Kontakte
- Beeinträchtigung der Natur
- Vertreibung von Tieren
- kürzere Wege
- schnellerer Transport von Rohstoffen
- bessere Verkehrsanbindung
- mehr Sicherheit

Entscheide dich für eine Rolle und entwickle passende Argumente für oder gegen den Bau der Eisenbahn. Diskutiert in Sechsergruppen zum Thema „Eine Eisenbahnlinie von Ost nach West?".

Miles Ferry, 40 Jahre, Industrieller aus Georgia: Er bezieht die notwendigen Rohstoffe über Trecks aus Kalifornien. Immer wieder verliert er Lieferungen, weil die Trecks von Indianerstämmen überfallen werden.	Anne Miller, 23 Jahre, irische Siedlerin, verheiratet, eine Tochter (2), schwanger: Sie lebt mit ihrer Familie auf einer einsamen Farm im Südwesten des Landes. Die Nachbarfarm ist 5 km entfernt, die nächste Stadt einen Tagesritt.	Fritz Heimers, 30 Jahre, verheiratet, zwei Kinder (7 und 8), deutscher Siedler: Er baut Mais und Bohnen an und verkauft diese einmal pro Woche auf dem Markt, der einen halben Tagesritt entfernt liegt.
Fliegendes Pferd, 30 Jahre: Sein Stamm gehört zu den Prärieindianern. Die meiste Zeit des Jahres zieht er mit seinem Tipi über die Prärie. Er lebt von der Bisonjagd und kann sich ein anderes Leben nicht vorstellen.	Weißer Büffel, 50 Jahre: Sein Stamm wurde von spanischen Soldaten vertrieben. Bei dem Kampf hat er seine Frau verloren. Er lebt in einem Indianerreservat in Indiana. Viele seiner Stammesbrüder sind dort zu Alkoholikern geworden.	Blitzpfeil, 10 Jahre alt, Sohn eines Indianerhäuptlings: Sein Stamm lebt von der Pferdezucht und der Jagd. Für ihn ist sicher, dass er einmal die Nachfolge seines Vaters antreten wird. Er ist stolz auf das große Gebiet, das seinem Stamm gehört.

Der Widerstand der Indianer

✏️ Lies den Text und unterstreiche mit unterschiedlichen Farben Informationen zu folgenden Punkten: Verhalten und Einstellung der Weißen, Zielsetzung und Mittel des Widerstands der Indianer.

Sitting Bulls Kampf

Sitting Bull war ein Häuptling und Medizinmann der Hunkpapa-Lakota-Sioux. Er sah, dass die Indianer auf verlorenem Posten standen. Die vordringenden Weißen beanspruchten immer mehr Land für sich. Sie rodeten weite Waldgebiete und vertrieben die Indianer auch aus den fruchtbaren Gegenden der Prärie. Viehzucht, Ackerbau und immer öfter auch die Hoffnung, Gold oder andere Bodenschätze zu finden, ließen sie rücksichtslos gegen die ursprünglichen Herren des Landes vorgehen. Die „Wilden" galten den meisten Weißen nicht als gleichwertig. Ihnen mit brutalsten Mitteln ihr Land zu rauben, wurde nicht als Verbrechen angesehen. Wenn die Indianer sich aber wehrten, sah man darin sehr wohl ein Verbrechen.

Trotz widriger Umstände gelang es Sitting Bull, ein Bündnis aus vielen Stämmen der Prärieindianer zu schmieden. Das war gar nicht so einfach, weil die einzelnen Stämme sehr unterschiedlich waren.

1876 kam es zur großen Schlacht am Little Big Horn. Hier schlugen die Indianer die US-Armee unter General Custer vernichtend. Doch durch diesen Sieg wurde die Niederlage der Indianer allenfalls hinausgezögert. Das war auch Sitting Bull klar. Daher versuchte er in der Folgezeit, eher durch Verhandlungen als durch Kämpfe Fortschritte zu erreichen. Doch auch dies erwies sich als zwecklos: Da die Weißen sich als über den Indianern stehend betrachteten, fühlten sie sich häufig nicht verpflichtet, die Zusagen, die sie diesen gegeben hatten, auch tatsächlich einzuhalten. Die Liste der bis ins 20. Jahrhundert hinein von den Weißen gebrochenen Verträge ist lang.

Ein ganz anderer Versuch der Verteidigung – und vor allem der Selbstbehauptung der indianischen Kultur – war der sogenannte Geistertanz, den Sitting Bull unter seinen Anhängern zuließ. Mithilfe dieses aus der alten indianischen Religion entstandenen Schamanenkults hofften viele Indianer, die Weißen doch noch besiegen zu können. Sie versammelten sich viele Tage, bildeten einen Kreis, beteten, sangen und tanzten. In Predigten wurde verkündet, dass die alte Welt wiederkehren und das Land aussehen werde wie vor der Ankunft der Weißen.

Den Weißen erschienen die Anhänger dieser indianischen Religion zunehmend verdächtig. Gegen Ende des Jahres 1890 versuchten sie die Anführer des Kultes festzunehmen. Die Festnahme misslang zwar, doch Sitting Bull wurde dabei getötet. Zwei Wochen später kam es zu dem grausamen Massaker von Wounded Knee an den Lakota-Sioux: Am 29. Dezember 1890 starben etwa dreihundert Männer, Frauen, Kinder, Greise und Kranke im Gewehrfeuer der US-Armee.

👥 Hatten die Indianer eine Chance, ihre Niederlage abzuwenden? Begründet.

📝 Diese Häuptlinge haben ebenfalls versucht sich dem Vormarsch der Weißen entgegenzustemmen: Geronimo, Cochise, Crazy Horse, Tecumseh, Chief Joseph.
Sucht euch einen von ihnen aus und bringt möglichst viel über ihn in Erfahrung.
Tragt eure Ergebnisse in der Klasse vor.

Woran die Indianer glaubten

✏️ Lies die folgenden Zitate. Was verraten sie über den Glauben der Indianer und ihr Verhältnis zur Natur? Übertrage die Tabelle in dein Heft und notiere stichwortartig.

„Großer Geist"	Verhältnis Mensch – Natur
Vater	...

„Der Große Geist ist unser Vater. Doch die Erde ist unsere Mutter und ernährt uns."
Bedagi, Wabanaki

„Alle Tiere haben Mächte in sich, denn der große Geist wohnt in allen, auch in der kleinen Ameise, in einem Schmetterling. Auch in einem Baum, in einer Blume und in einem Felsen."
Petaga Yuha Mani, Sioux

„Wer nahe an der Natur lebt, lebt nicht in Dunkelheit. Weißt du, dass die Bäume sprechen? Sie unterhalten sich miteinander, und sie werden auch zu euch sprechen, wenn ihr es versteht, ihnen zuzuhören."
Tatanga Mani, Stoney

Die Indianer waren vom Glauben an eine allmächtige Lebenskraft durchdrungen, die sich ihnen überall in der Natur offenbarte. Die Weißen bezeichneten diese Kraft mit dem Ausdruck „Großer Geist". Doch der Gottesbegriff der Indianer hatte nichts mit dem christlichen Schöpfer gemein. Das „Große Geheimnis" war Ursprung und Quelle jeder Kraft und „beseelte" alle Geschöpfe und Gegenstände.

👥 Wie sieht im Glauben der folgenden vier Indianerstämme das Leben nach dem Tod aus? Haltet Gemeinsamkeiten und Unterschiede fest.

„Wer im Leben tapfer und ehrlich war, gelangt nach dem Tod in die Ewigen Jagdgründe. Das ist ein Tal, in dem es keine Sorgen und Schmerzen mehr gibt und in dem Rehe und Hirsche und viele andere Wildtiere leben, sodass niemand mehr hungern muss."
Komantschen

„Die Seelen der Verstorbenen bleiben als Schatten bei den Lebenden."
Irokesen

„Ein Verstorbener, dessen Leben gut war, ist frei wie ein Vogel. Die Schlechten jedoch sind auf ewig an einen Ort gebunden."
Crow

„Diejenigen, deren Leben den Wünschen des Großen Geistes entsprochen hat, gelangen nach ihrem Tod auf direktem Weg in die Ewigen Jagdgründe. Diejenigen, deren Leben nicht gut war, führt ihr Weg in einen Abgrund, in dem sie ziellos umherirren."
Sioux

Typisch Kiowa, typisch Apache?

✏️ Wie werden Tangua und Intschu tschuna charakterisiert? Kreise mit zwei unterschiedlichen Farben zutreffende Adjektive ein. Finde Textstellen die deine Zuordnung belegen.

freundlich   furchterregend   kriegerisch   höflich   ruhig
angeberisch   unmoralisch
offen   herrisch   finster   angriffslustig
beherrscht   gewandt   edel
stolz
dumm   würdevoll   diebisch   mutig   unehrlich

📖 Hat sich Karl May bei der Beschreibung seiner Figuren und der beiden Indianerstämme an der Wirklichkeit orientiert? Lies die beiden kurzen Texte über die Kiowa und die Apachen. Unterstreiche Stellen, die dir bei der Beantwortung dieser Frage helfen.

Die Kiowa

Die Kiowa waren ein Volk von nomadischen Prärieindianern, die in Tipis lagerten und von der Büffeljagd und der Pferdezucht lebten. Um 1780 siedelten sie sich im Gebiet der Komantschen im nördlichen Teil des heutigen Texas an. Zunächst kam es zu ständigen Auseinandersetzungen zwischen den beiden benachbarten Indianerstämmen, die zwischen 1790 und 1800 jedoch in einen dauerhaften Friedensvertrag mündeten. Die beiden Stämme galten als die gefährlichsten und kriegerischsten Stämme der ganzen Prärie. Bald beherrschten sie ein riesiges Gebiet, das sich über die heutigen Bundesstaaten Kansas, Oklahoma, New Mexico und Texas erstreckte. In den Jahren von 1800 bis 1850 trugen die Kiowa vor allem Kämpfe mit anderen Indianerstämmen aus, die versuchten in dieses Gebiet einzudringen. Bekannt wurden sie durch ihre großen Pferdeherden. Zudem fürchtete man sie wegen ihrer Raubüberfälle, für die sie weite Strecken zurücklegten: Im 19. Jahrhundert erwarben sie sich einen Ruf als „notorische Räuber". Dabei reagierten die Kiowa jedoch häufig nur auf Überfälle anderer Stämme, die es auf ihre Pferdeherden abgesehen hatten.

Die Mescalero-Apachen

Die Mescalero-Apachen zählen zu den Indianern des Südwestens. Ursprünglich bewegten sie sich in einem Gebiet zwischen dem Rio Grande und dem Llano Estacado in Texas. Im Sommer lebten sie in den Bergen als Sammler und gingen auch auf Büffeljagd in den Great Plains. Dabei kam es manchmal zu Zusammenstößen mit den Komantschen, die hier ihr Jagdgebiet hatten. Im Winter überfielen und plünderten sie auch die Dörfer der Pueblo-Indianer. Teilweise übernahmen sie die Lebensweise der Prärieindianer: So hausten sie z. B. in Tipis.

Apaches

Raubsüchtiges, wildes Indianervolk vom Athabaskenstamm in Arizona, Neu Mexiko und dem Indian Territory, in verschiedene Hauptstämme und viele kleine Banden geteilt. Größtenteils Nomaden, führen sie Zelthütten mit sich und leben von Jagd, Raub und Plünderung; 1871–1875 durch Crook unterworfen.

Pierer-Konversationslexikon, 1888

👥 Ist Tangua ein typischer Kiowa, Intschu tschuna ein typischer Apache? Begründet eure Meinung.

11. bis 14. Kapitel: In Gefangenschaft

Inhalt

Sehr viel schneller als gedacht kommen Winnetou und Intschu tschuna mit Verstärkung zurück. Weiße und Kiowa stehen noch an der Stelle, an der Old Shatterhand soeben Blitzmesser im Zweikampf getötet hat, als plötzlich die Apachen über sie herfallen. Im nun folgenden Kampf schlägt Old Shatterhand Intschu tschuna nieder, muss sich dann aber gegen Tangua zur Wehr setzen. Als dieser den bewusstlosen Intschu tschuna sieht, zückt er sein Messer, um ihn zu skalpieren. Kaum hat Old Shatterhand den grausamen Kiowahäuptling außer Gefecht gesetzt, wird er von Winnetou angegriffen: Dessen Messer dringt ihm durch die Kinnlade in die Zunge. Schwer verletzt ringt er weiter mit Winnetou, erhält aber schließlich einen Kolbenhieb, der ihn betäubt.

Insgesamt werden in diesem Kampf viele Kiowa und fast alle Weißen getötet. Nur Rattler, den als Mörder Klekih-petras ein grausamer Martertod erwartet, sowie Sam Hawkens und seine Gefährten Dick Stone und Will Parker werden unverletzt gefangen genommen. Der schwer verwundete Ich-Erzähler überlebt nur dank seiner ungewöhnlich kräftigen körperlichen Konstitution den nun folgenden Transport zum Pueblo der Mescalero-Apachen. Endlich erwacht er aus seinen Fieberträumen und ein langsamer Heilungsprozess setzt ein. Überrascht stellt Old Shatterhand nun fest, dass man ihm eine recht gute Wohnung im Pueblo zugewiesen hat. Darüber hinaus hat Winnetou sogar seine eigene Schwester, Nscho-tschi, mit der Pflege des Weißen betraut. Old Shatterhand findet eine Möglichkeit, heimlich zu trainieren, sodass er bald wieder über seine früheren Körperkräfte verfügt. Aber weder ihm noch Sam Hawkens gelingt es, Winnetou davon zu überzeugen, dass sie insgeheim immer auf der Seite der Apachen gestanden haben.

Viel zu schnell ist der Tag da, an dem Old Shatterhand, Sam Hawkens, Will Parker und Dick Stone getötet werden sollen. An Marterpfähle gebunden verfolgen sie die Anklage Intschu tschunas, die sich zu einem nicht geringen Teil auf die Verleumdungen Tanguas stützt. Dieser will sich, nachdem er seine Krieger durch Tributzahlungen aus der Gefangenschaft losgekauft hat, nun an Old Shatterhand rächen. Es kommt zu einer Art Schauprozess, in dessen Verlauf der Ich-Erzähler schließlich die Beherrschung verliert und in einer flammenden Rede die Ungerechtigkeit des Verfahrens anprangert. Intschu tschuna ist daraufhin tatsächlich bereit, die Gefangenen um ihr Leben kämpfen zu lassen. Stellvertretend für seine Gefährten soll Old Shatterhand gegen Intschu tschuna selbst antreten.

Durch List und Mut gelingt es Old Shatterhand, den Apachenhäuptling zu besiegen. Doch statt ihn zu töten, schont er das Leben seines bewusstlosen Gegners. Dieser Beweis seiner Großmut und Friedfertigkeit bringt Winnetou, der anstelle seines bewusstlosen Vaters das Kommando übernommen hat, zum Nachdenken. Daraufhin zeigt Old Shatterhand Winnetou die Haarsträhne, die er ihm bei seiner Befreiung abgeschnitten hat. Nun sieht Winnetou endgültig ein, wie falsch er Old Shatterhand und seine drei Gefährten bisher eingeschätzt hat und wie verlogen die Anschuldigungen Tanguas gewesen sind. Old Shatterhand und seine Gefährten werden nicht nur freigelassen, sondern gelten von nun an als Freunde der Apachen.

Zu den Kopiervorlagen

Harte Krieger, sanfte Squaws?
KV Seite 38

Im 12. Kapitel taucht mit Nscho-tschi zum ersten Mal eine Frau in der Lektüre auf. Diese sollte zunächst charakterisiert werden. Auch von den Vorstellungen der Schüler kann ausgegangen werden: Welches Bild haben sie von Indianerinnen?

Anschließend wird mithilfe der Kopiervorlage das Frauenbild der Indianer dem der Weißen gegenübergestellt: Verschiedene kurze Aussagen zeigen, dass indianische Frauen zwar ein hartes Leben führten, aber in vielen Stämmen alles andere als rechtlos und unterdrückt waren. Dies wird den Schülern besonders deutlich, wenn sie einen Vergleich anstellen: Welche gesellschaftliche Stellung hatten deutsche Frauen zu der Zeit, in der „Winnetou" spielt (zweite Hälfte des 19. Jahrhunderts)?

Lösungsvorschlag

Während indianische Frauen bei den Prärieindianern z. B. die Eigentümerinnen des Zeltes und des Hausrats waren, war es bei den Weißen eindeutig der Mann, der als Eigentümer galt.

Üblicherweise verließ der Mann nach der Heirat seine Sippe und zog zur Familie der Frau. Bei den Weißen war es üblicherweise die Frau, die ihr Elternhaus verließ und zum Mann zog.

Bei den Irokesen verfügten die Frauen über politischen Einfluss. Bei den Weißen galt eine politische Mitwirkung (z. B. das Wahlrecht) der Frauen als unweiblich und wurde strikt abgelehnt.

Die meisten Weißen glaubten, dass Frauen den Männern geistig unterlegen seien. Frauen mussten um ihr Recht auf Bildung kämpfen. Dass Frauen als besonders weise angesehen wurden – wie dies bei den indianischen Medizinfrauen der Fall war –, kam bei den Weißen nur selten vor.

Nscho-tschi und Old Shatterhand
KV Seite 39

In einem Koordinatensystem halten die Schüler fest, wie sich die Einstellung Nscho-tschis gegenüber Old Shatterhand im Verlauf der Handlung verändert (siehe auch Gesprächs- und Schreibanlässe, Seite 37).

Die Kopiervorlage kann lektürebegleitend eingesetzt werden: Im 12. und 13. Kapitel finden sich konkrete Hinweise auf Nscho-tschis Einstellung zu Old Shatterhand. Auf dieser Grundlage lässt sich die Entwicklung für die weiteren Kapitel begründet ableiten. Unterschiedliche Ergebnisse sind hier erwünscht und regen zur Diskussion an.

Lösungsvorschlag

Ein Miniatur-Pueblo
KV Seite 40

Mithilfe der vorgegebenen Bastelanleitung verdeutlichen sich die Schüler den Aufbau eines Pueblos. Falls Sie einen Projekttag, eine Ausstellung o. Ä. zum Thema „Indianer" planen, können die Produkte in diesem Rahmen präsentiert werden.

Old Shatterhands List
KV Seite 41

Anhand dieser Kopiervorlage können die Schüler Old Shatterhands List beim Kampf gegen Intschu tschuna nachvollziehen: In eine Karte von dem Gebiet, in dem der Zweikampf stattfindet, tragen sie den Verlauf ein. Dafür müssen sie auf den Seiten 157 bis 163 genau nachlesen.

Lösungsvorschlag

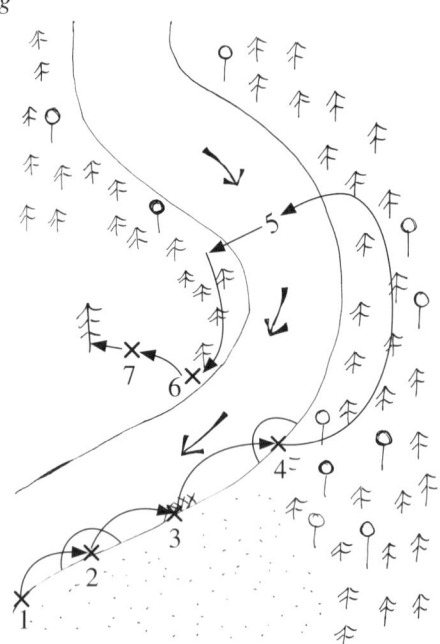

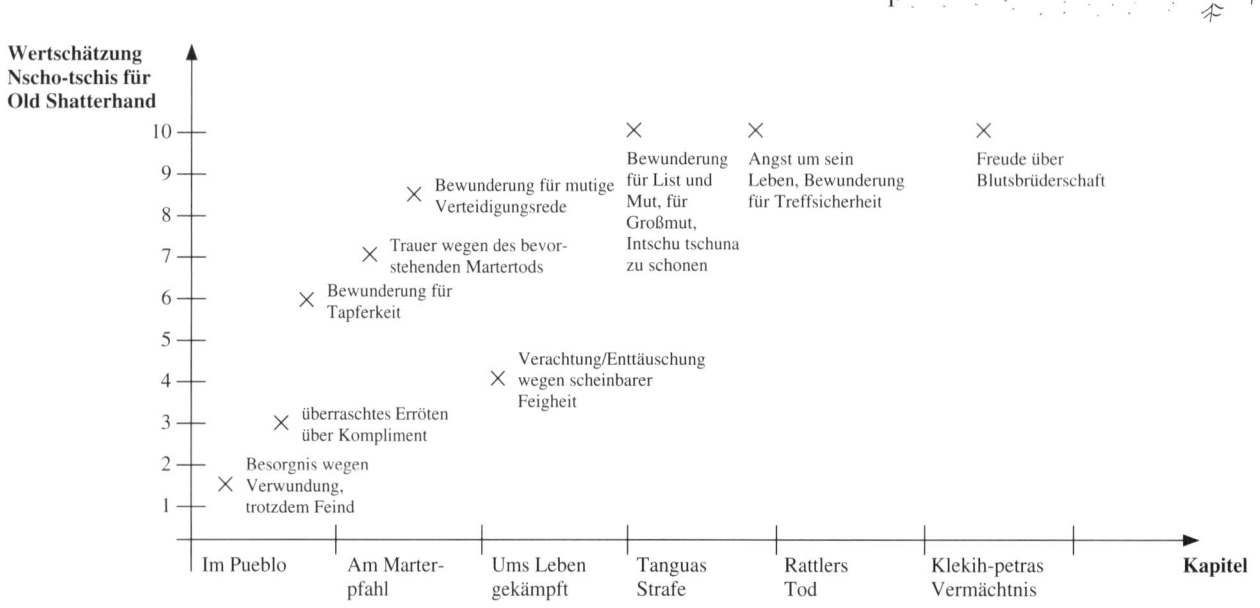

Gesprächs- und Schreibanlässe

Nscho-tschi und Old Shatterhand
Im Laufe der Lektüre nähern sich Nscho-tschi und Old Shatterhand einander an. Was meinst du: Kommen die beiden irgendwann zusammen? Was spricht für diese Vermutung, was dagegen? (Zum weiteren Handlungsverlauf von „Winnetou I" siehe KV Seite 51.)

Sprechende Namen
Die Indianer haben in der Lektüre sehr wohlklingende Namen: Nscho-tschi, Intschu-tschuna, Metan-akva.
- Welche deutsche Bedeutung wird diesen Namen zugeschrieben?
- Zeige eine Verbindung zwischen Name und Person auf.
- Erfinde einen solchen „sprechenden Namen" auch für dich. Hebe dabei eine Eigenschaft, eine Fähigkeit oder ein sonstiges typisches Merkmal hervor.
- Du kannst mit deinem indianischen Namen auch ein Wappen entwerfen und es verzieren.

Recherche

Skalpjäger
Was hat es mit dem Brauch des Skalpierens auf sich? Recherchiere im Internet oder in der Bibliothek und berichte über deine Ergebnisse. Bewertet dann gemeinsam das Verhalten Tanguas.

Mögliche Ergebnisse
Ursprünglich kannten die meisten Indianerstämme den Brauch des Skalpierens nicht. Nur in den Waldgebieten des Nordostens war es üblich, besiegten Feinden einen Teil der Kopfhaut mitsamt den Haaren abzuziehen. Mit dem Skalpieren war vielfach eine religiöse Vorstellung verbunden: Man glaubte nämlich, dass der Skalpierte dem Sieger in den „Ewigen Jagdgründen" dienen müsse.

Dass sich die grausame Sitte des Skalpierens immer weiter verbreitete, war die Schuld der weißen Eroberer – zunächst vor allem der Engländer. Diese kämpften während der zweiten Hälfte des 18. Jahrhunderts in dem waldreichen Gebiet um die Großen Seen im Nordosten des Landes mit den Franzosen um die Vorherrschaft. Bei den in dieser Region ansässigen Indianervölkern, wie z. B. den Irokesen, lernten sie den Brauch des Skalpierens kennen. Der – als Teil des Siebenjährigen Krieges – eigentlich europäische Konflikt wurde in Nordamerika gewissermaßen als „Stellvertreterkrieg" ausgefochten. Sowohl Engländer als auch Franzosen gelang es, sich der Unterstützung indianischer Stämme zu versichern. Die Engländer zahlten nun für jeden Skalp eines auf gegnerischer Seite kämpfenden Indianers eine Prämie. Bald schon war die grausame Sitte überall verbreitet: Hatte man früher nur getötete Feinde skalpiert, so raubte man nun auch Lebenden die Kopfhaut. In den meisten Fällen führte die schwere Verwundung zu einem qualvollen Tod. Während früher nur erwachsene Krieger den Skalpjägern zum Opfer fielen, waren nun auch Frauen und Kinder betroffen; denn auch für ihre Skalpe wurde eine, wenn auch geringere, Prämie gezahlt. Auf dieses schnell verdiente Geld waren bald auch skrupellose Weiße aus. In regelrechten Banden überfielen sie immer wieder Indianerdörfer, um die Bewohner zu ermorden und so an die einträglichen Skalpe zu kommen.

Auch als keine Skalpprämie mehr gezahlt wurde, war es bei vielen Indianerstämmen des Westens weiterhin üblich, besiegte Feinde zu skalpieren. Bis nach Mexiko hatte sich die Sitte inzwischen ausgebreitet. Vor allem bei den Prärieindianern galt ein Krieger, der viele Skalpe erbeutet hatte, als besonders tapfer. Bei feierlichen Anlässen wurden die erbeuteten Skalpe stolz zur Schau gestellt – z. B. indem man ein Skalphemd trug, an dessen Ärmeln und Seiten die erbeuteten Stücke aufgenäht waren. Ein Verhalten wie das Tanguas, der im Roman den Skalp eines Feindes nehmen will, den er nicht selbst besiegt hat, wäre allerdings geächtet worden.

Kreativ aktiv

Old Shatterhands Sieg
Stell dir vor, zwei Apachen unterhalten sich über den Sieg Old Shatterhands – und damit auch über die Niederlage ihres Häuptlings Intschu tschuna.

Schreibe diesen Dialog gemeinsam mit einem Partner. Spielt ihn anschließend der Klasse vor.

Harte Krieger, sanfte Squaws?

✏️ Welche Rechte und Pflichten hatte eine indianische Frau? Lies die folgenden Abschnitte und schreibe stichwortartig in dein Heft.

Bei den meisten Indianerstämmen waren die Frauen für die schweren körperlichen Arbeiten zuständig. So sorgten sie z. B. für Brennholz, suchten nach Wurzeln und Beeren, zerlegten die von den Männern erlegten Tiere und gerbten das Leder.

Bei vielen Stämmen gab es weise Medizinfrauen, denen großer Respekt entgegengebracht wurde.

Bei den Irokesen galt die Frau als Sippenoberhaupt. Dort war es auch das Recht der Frauen, die Häuptlinge zu ernennen.

Der Mann musste an die Eltern der Frau einen Brautpreis – meistens Pferde – entrichten.

Bei fast allen Prärieindianerstämmen war es üblich, dass der Mann nach der Heirat seine eigene Sippe verließ und zur Familie der Frau zog.

Der Mann war als Jäger für die Ernährung der Familie verantwortlich.

Eigentümerin von Zelt, Hausrat usw. war immer die Frau.

Die Cherokee glaubten, dass ihr Stamm von einem weiblichen Wesen, der „Mais-Mutter", abstamme.

👥 Vergleicht die Stellung der Indianerfrauen mit der deutscher Frauen im 19. Jahrhundert.

Frauenrechte in Deutschland
19. Jahrhundert: weitgehende Rechtlosigkeit der Frau; Die Ehefrau stand unter der Vormundschaft ihres Mannes.
    1900: Das Züchtigungsrecht des Ehemannes entfällt.
    1928: Zugang der Frauen zu Universitäten
    1919: aktives und passives Wahlrecht der Frauen
    1948: Grundgesetz Art. 2, Abs. 3: „Männer und Frauen sind gleichberechtigt."
    1958: Das Recht des Ehemannes, ein Arbeitsverhältnis seiner Frau zu kündigen, entfällt.
    1976: erste Frauenhäuser in Deutschland
    1997: Vergewaltigung in der Ehe gilt als Straftatbestand.

👦 Suche in Sachbüchern, Lexika oder im Internet nach weiteren Informationen über Indianerfrauen. Trage diese in der Klasse vor.

Nscho-tschi und Old Shatterhand

Nscho-tschi bekommt von ihrem Bruder Winnetou den Auftrag, den verwundeten Old Shatterhand zu pflegen.

✏ Vermerke an den entsprechenden Stellen im Koordinatensystem, wie sie Old Shatterhand sieht und wie sich ihre Einstellung im Verlauf der Handlung ändert. 1 = sehr niedrige Wertschätzung, 10 = sehr hohe Wertschätzung.

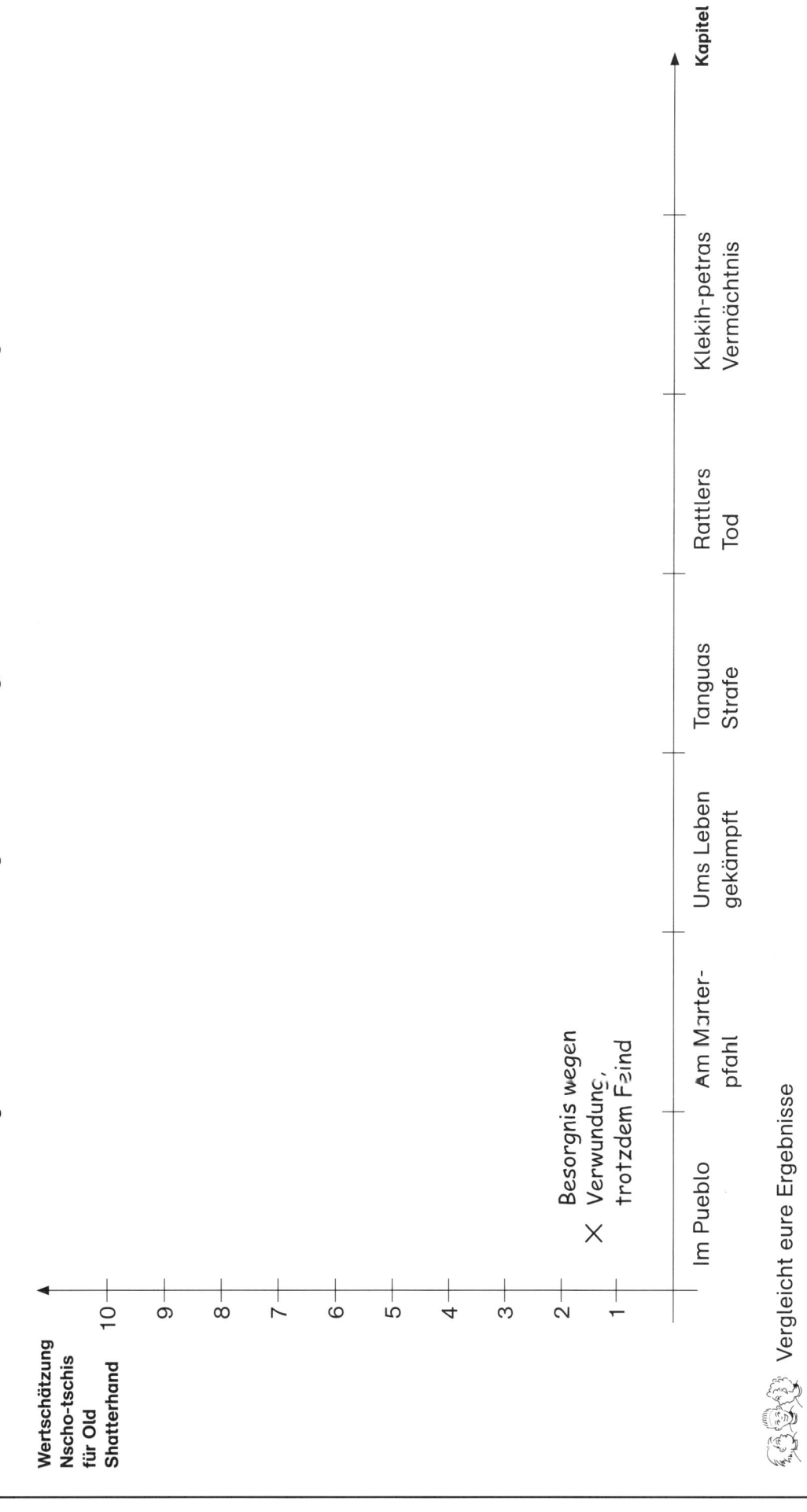

Wertschätzung Nscho-tschis für Old Shatterhand

Wertschätzung							
10							→ Kapitel
9							
8							
7							
6							
5							
4							
3							
2	Besorgnis wegen Verwundung, trotzdem Feind						
1	✗						
	Im Pueblo	Am Marterpfahl	Ums Leben gekämpft	Tanguas Strafe	Rattlers Tod	Klekih-petras Vermächtnis	

👥 Vergleicht eure Ergebnisse

Ein Miniatur-Pueblo

Ein Indianer-Pueblo, wie es auf Seite 139 beschrieben ist, kannst du auch selbst bauen.

Du brauchst:
- mehrere unterschiedlich große Kartons
- gelbbraune Abtönfarbe
- Raufasertapete
- Tapetenkleister
- Äste oder kleine Holzstäbe (z.B. Schaschlikspieße)
- Teppichmesser
- Pinsel
- Klebstoff

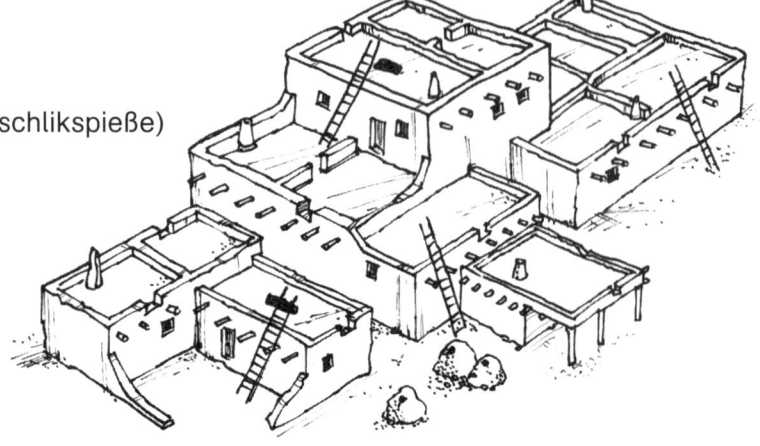

So geht's:

1. Beklebe die Kartons zunächst von außen mit der Raufasertapete und male sie mit der Abtönfarbe lehmfarben an. Lass die Farbe trocknen.

2. Stelle die Kartons dann zunächst nur provisorisch aufeinander, damit du eine Ahnung davon bekommst, wie dein Pueblo aussehen soll.

3. Unterhalb der Dächer bohrst du nun in regelmäßigen Abständen Löcher in den Karton. Durch diese schiebst du die Stäbe, damit sie als „Dachbalken" die Dachkonstruktion verstärken (siehe Abbildung).

4. Nun schneidest du mit dem Teppichmesser Durchstiegsöffnungen in die Dächer und Fenster und Türen in die Wände.

5. Jetzt kannst du die Kartons fest zusammenkleben.

6. Bastle aus den Holzstäben mehrere Leitern, über die sich die oberen Stockwerke deines Pueblos erreichen lassen.

> Das Wort „pueblo" kommt aus dem Spanischen und bedeutet „Dorf". Die indianischen Pueblos besaßen zunächst nur Einstiegslöcher in den Dächern, die auch als Rauchabzug und Lichtquelle dienten. Durch den Einfluss der Weißen waren aber später zumindest in den oberen Stockwerken auch Fenster und Türen verbreitet.

Old Shatterhands List

Um im Zweikampf gegen Intschu tschuna zu bestehen, greift Old Shatterhand zu einer List.

✏ Zeichne auf der Karte den Weg ein, den er dabei nimmt. Markiere die folgenden Stellen mit der jeweiligen Nummer:

1. Hier wird Old Shatterhand von Intschu tschuna ins Wasser gestoßen.

2. Hier taucht Old Shatterhand das erste Mal auf.
   (Zeichne auch ein, welche natürliche Deckung er sich dabei zunutze macht.)

3. Hier taucht Old Shatterhand das zweite Mal auf.
   (Zeichne wieder ein, welche natürliche Deckung er sich dabei zunutze macht.)

4. Hier taucht Old Shatterhand das dritte Mal auf.
   (Zeichne wieder ein, welche natürliche Deckung er sich dabei zunutze macht.)

5. Hier überquert Old Shatterhand den Fluss.

6. Hier zeigt sich Old Shatterhand den Apachen.

7. Hier betäubt Old Shatterhand Intschu tschuna.

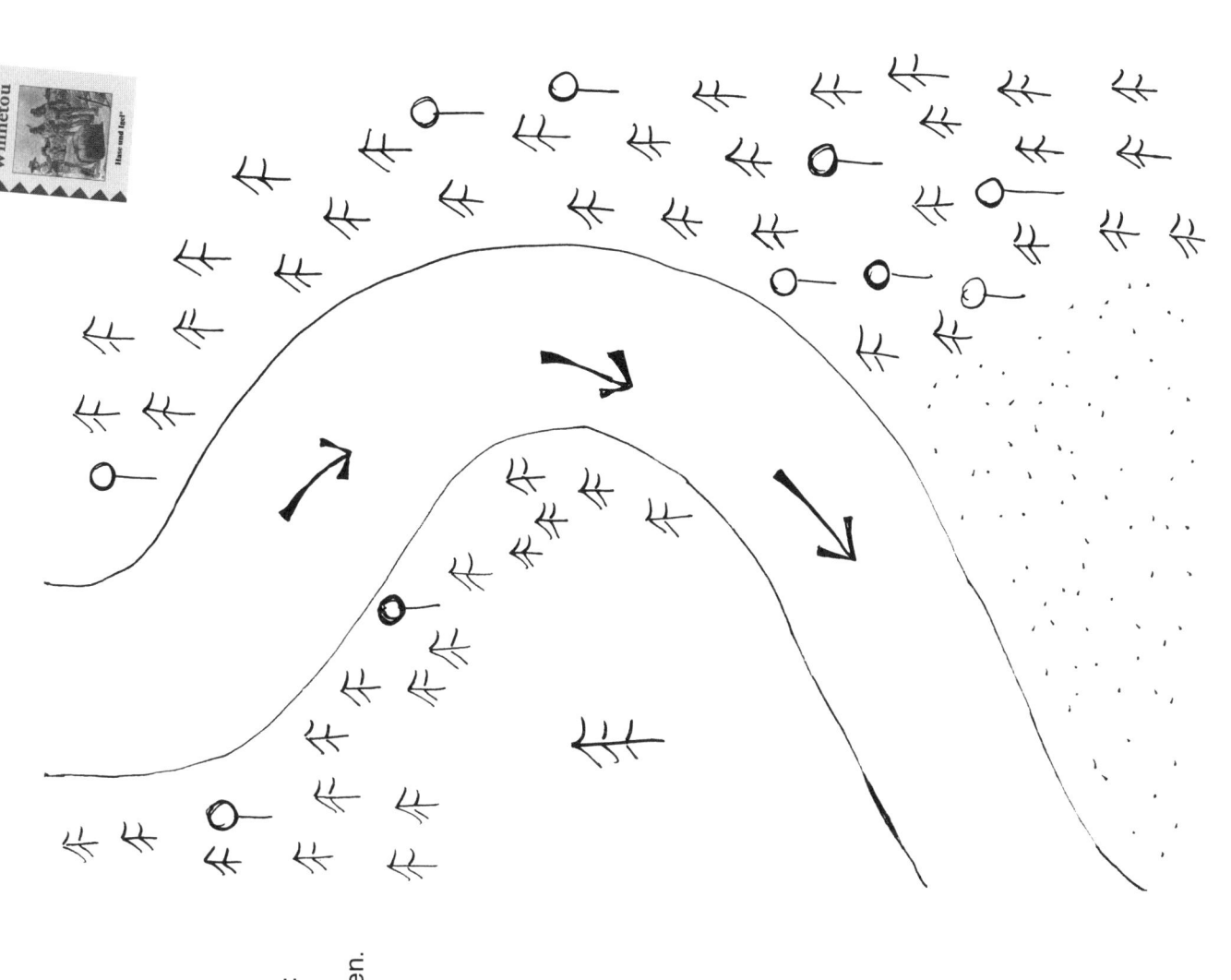

15. bis 17. Kapitel: Blutsbrüder

Inhalt

Old Shatterhand stellt Tangua für seine Verleumdungen und Beleidigungen zur Rede. Er verlangt, dass der Häuptling der Kiowa seine vollmundige Drohung, er würde gern selbst gegen Old Shatterhand kämpfen, nun wahr macht. Nur weil er fürchtet, sonst als Feigling zu gelten, geht Tangua auf die Forderung ein. Allerdings nimmt er alle Vorteile für sich in Anspruch – so z. B. die Wahl der Waffen. Da Old Shatterhand sicher ist, dass er den Zweikampf gewinnen wird, geht er darauf ein. So wird beschlossen, dass Tangua und er, ähnlich wie in einem klassischen Duell, aus einer festgelegten Entfernung aufeinander schießen sollen. Tangua, der darauf besteht, den ersten Schuss zu haben, schießt vor Aufregung daneben. Old Shatterhands Kugel aber trifft genau das Ziel, das er vorher benannt hat: Sie zerschmettert Tangua beide Knie und lähmt so den stolzen Kriegshäuptling der Kiowa. Angesichts der Übermacht der Apachen sind die Kiowa jedoch gezwungen, ihren Zorn zu beherrschen und mit ihrem verwundeten Häuptling abzuziehen.

Nun soll der Leichnam Klekih-petras beigesetzt werden. Als Teil der Zeremonie ist der Martertod von Klekih-petras Mörder Rattler vorgesehen. Als Old Shatterhand davon erfährt, setzt er alles daran, für Rattler zumindest einen schnellen und schmerzlosen Tod zu erwirken. Nach einigem Zögern geben Intschu tschuna und Winnetou der Bitte nach: Wenn Rattler Old Shatterhand für seine frühere Feindseligkeit um Verzeihung bittet, soll er verschont werden. Doch Rattler weigert sich nicht nur, auf diese Forderung einzugehen, sondern verflucht und beschimpft Old Shatterhand in seiner Wut sogar noch. Als jedoch mit den Martern begonnen wird, ändert sich sein Verhalten schnell. Bald schon will keiner der Apachen mehr seine Waffe gegen den „Feigling" erheben. Rattler wird schließlich in den Fluss gestoßen und von zwei Indianerjungen erschossen. So kommt es, dass Klekih-petra – anders als ursprünglich geplant – nicht gemeinsam mit seinem Mörder beigesetzt wird.

Winnetou hat inzwischen auch erfahren, dass Old Shatterhand dem sterbenden Klekih-petra versprochen hat, fortan als Freund und Bruder an Winnetous Seite zu bleiben. Dieser Wunsch erfährt im Rahmen der Trauerfeier, die neben indianischen auch christliche Elemente enthält, seine symbolische Verwirklichung: Winnetou und Old Shatterhand werden Blutsbrüder.

Zu den Kopiervorlagen

KV Seite 45/46 Schuld und Sühne

Tangua und Rattler werden für ihre Vergehen bestraft. Aber sind die Strafen gerecht und angemessen? Wie könnten die beiden nach unserem heutigen Rechtssystem bestraft werden? Mithilfe der beiden zusammengehörenden Kopiervorlagen gehen die Schüler diesen Fragen nach (siehe auch Gesprächs- und Schreibanlässe, Seite 44). Zunächst diskutieren sie in der Klasse über das Gesetz des Wilden Westens „Auge um Auge, Zahn um Zahn" (3. Buch Mose 24, 20). Anschließend sammeln sie anhand der Lektüre und der vorgegebenen Paragrafen aus dem Strafgesetzbuch Stichpunkte zu Vergehen, möglichem Strafmaß und mildernden Umständen. Diese können in einem abschließenden Rollenspiel, das in mehreren Kleingruppen vorbereitet werden kann, vorgetragen werden. Weiterführend kann über das Rechtsempfinden der Indianer und die Todesstrafe gesprochen werden. Begleiten Sie diese Diskussion.

Im Folgenden finden Sie Aspekte, die in die Überlegungen der Schüler einfließen können.

Lösungsvorschlag
Tangua:
- Vergehen: Der Häuptling der Kiowa hat durch Lügen und Verleumdungen versucht, Old Shatterhand und seinen Freunden zu schaden. Indem er die Weißen gegenüber Winnetou und Intschu tschuna als Feinde der Apachen darstellte, wollte er ihren Martertod erreichen. Zudem hat er Old Shatterhand mehrfach beleidigt.

- mildernde Umstände: Tangua wird im Roman sehr negativ dargestellt. Man könnte jedoch zu seinen Gunsten annehmen, dass er das Beste für seinen Stamm erreichen will und möglicherweise von den Weißen, die die Indianer immer weiter zurückdrängen, so viel Schlimmes erfahren hat, dass ihm nun jedes Mittel recht ist. Der Roman stützt solche Vermutungen aber kaum.
- in der Lektüre dargestellte Strafe: Old Shatterhand fordert Tangua zum Zweikampf, da dieser vorher – als Old Shatterhand noch gefangen war – behauptet hatte, er würde gern mit ihm kämpfen. Im Kampf zerschmettert Old Shatterhand mit seiner Gewehrkugel beide Knie Tanguas.
- mögliches Strafmaß nach dem Strafgesetzbuch: Freiheitsstrafe bis zu fünf Jahren oder Geldstrafe
- weiterführende Überlegungen: Hier kann vor allem gefragt werden, ob Tanguas Verwundung im Verhältnis zu seinen Vergehen als gerecht anzusehen ist. Sie bedeutet, dass er für den Rest seines Lebens gehbehindert sein wird. Dies stellt angesichts der Lebensweise der Prärieindianer einen massiven Einschnitt für ihn dar.

Mr Rattler:
- Vergehen: Der Westmann hat sich schon vor dem Zusammenstoß mit den Apachen als angriffslustig erwiesen. Er ist aggressiv und trinkt zu viel. Die Tat, um die es hier geht, ist die Ermordung Klekih-petras. Die Frage ist, ob man – da die Kugel eigentlich Winnetou galt – nicht von Totschlag (Klekih-petra) und einem Mordversuch (Winnetou) sprechen muss.
- mildernde Umstände: Rattler selbst führt als Entschuldigung für seine Untat an, er sei betrunken gewesen. Nach unserem heutigen Recht hat eine solche Unzurechnungsfähigkeit wegen Trunkenheit zur Folge, dass ein Täter für seine Tat nicht voll verantwortlich gemacht wird. Ob das richtig ist, kann diskutiert werden. Zudem könnte man anführen, dass sich Rattler durch die Apachen provoziert und bedroht fühlte. Jedoch stellte deren Verhalten keine akute Gefahr für Leib und Leben dar, sodass man nicht von Notwehr sprechen kann.
- in der Lektüre dargestellte Strafe: Rattler soll erst am Marterpfahl sterben, wird dann aber von zwei Knaben erschossen.
- mögliches Strafmaß nach dem Strafgesetzbuch: lebenslängliche Freiheitsstrafe bzw. bei Anerkennung der Schuldunfähigkeit Freiheitsstrafe bis zu fünf Jahren
- weiterführende Überlegungen: Darüber, dass ein Martertod nach unserem heutigen Verständnis eher eine grausame Rache als eine gerechte Strafe ist, dürfte wahrscheinlich bald Einigkeit bestehen. Wie stehen die Schüler jedoch zur Todesstrafe, die ja in vielen Ländern der Erde (darunter den USA) noch immer über Mörder verhängt wird?

Die Blutsbrüderschaft
Die Blutsbrüderschaft ist eine rituelle Verbindung zweier nicht verwandter Männer, die durch zeremonielle Vermischung von Blut zwischen ihnen geschlossen wird. Dadurch wird ihre Freundschaft zu einem Bund erhoben, in dem beide Partner die Rechte und Pflichten leiblicher Brüder übernehmen. Die Blutsbrüderschaft hat in verschiedenen Kulturen eine Rolle gespielt (z. B. bei den Germanen und den Slawen). Die Art der Vermischung des Blutes ist unterschiedlich (z. B. durch Trinken oder Aufeinanderpressen von Schnittwunden). Für die Indianerstämme Nordamerikas ist das Ritual jedoch nicht belegt.

Blutsbrüder
KV Seite 47
Ausgehend von der Blutsbrüderschaft zwischen Winnetou und Old Shatterhand setzen sich die Schüler mit ihren eigenen Freundschaften auseinander. Die vorgegebenen Begriffe und Zitate sollen dazu beitragen, dass sich jeder Schüler darüber klar wird, was er selbst unter Freundschaft versteht. Weisen Sie vor der Bearbeitung der ersten Aufgabe gegebenenfalls darauf hin, dass der „Blutsbruder" hier auch im übertragenen Sinne verstanden werden kann (d. h. als allerbester Freund). Der Austausch mit einem Partner oder in der Klasse trägt dazu bei, dass der individuelle Freundschaftsbegriff erweitert wird. Diese Überlegungen können in das Elfchen einfließen, das jeder Schüler abschließend über bzw. für seinen besten Freund oder seine beste Freundin schreibt. Wiederholen Sie, falls nötig, die Form des Elfchens:
1. Zeile: ein Wort (eine Farbe oder eine Eigenschaft, die zum Thema des Gedichtes passt)
2. Zeile: zwei Wörter (ein Gegenstand mit Begleiter, z. B. ein Wesenszug des Freundes oder ein Gegenstand, der mit ihm oder mit der gemeinsamen Freundschaft in Verbindung gebracht wird)
3. Zeile: drei Wörter (Wo oder wie ist der Gegenstand? Was macht die Person?)
4. Zeile: vier Wörter (Welche Beziehung hast du zum Gegenstand des Gedichtes? Wie fühlst du dich in der Gegenwart deines Freundes? Was schätzt du besonders an ihm?)
5. Zeile: ein Wort (Zusammenfassung)

Lösungsvorschlag

① „Blutsbruder/-schwester": jemand, dem man sich sehr nahe fühlt
② Bruder/Schwester: jemand, der von denselben Eltern abstammt wie man selbst
③ Freund/Freundin: jemand, den man gern mag und mit dem man sich gut versteht
④ Bekannte/r: jemand, mit dem man ab und zu etwas unternimmt
⑤ Nachbar: jemand, der im selben Haus oder nebenan wohnt

Aristoteles: Freundschaft ist absolute Übereinstimmung zwischen zwei Menschen.
spanisches Sprichwort: Freundschaft ist Ehrlichkeit und Vertrauen zwischen zwei Menschen.
indisches Sprichwort: Freundschaft ist Unterstützung in schweren Zeiten.

Lustig
die Sommersprossen
in deinem Gesicht.
Ich lache mit dir.
Spaß

Zeichensprache

KV Seite 48

Diese Kopiervorlage präsentiert die Zeichensprache, mit deren Hilfe sich Indianer unterschiedlicher Stämme miteinander verständigten. Indem die Schüler in Einzel- oder Partnerarbeit die Dominokarten richtig aneinanderlegen, machen sie sich darüber Gedanken, wie Zeichen und Wort zusammenhängen (z. B. Darstellung einer typischen Bewegung beim Blitz oder Frosch bzw. eines Merkmals beim Büffel). Anschließend können sie selbst Zeichen erfinden (z. B. Handy, telefonieren), um die Zeichensprache für sich nutzbar zu machen.

Lösung

Anfang		Büffel	
Bruder		Frosch	
besser		essen	
Freund		geben	
Blitz		dick	
Danke		getan	
dünn		aufstehen	**Ende**

Gesprächs- und Schreibanlässe

Strafen
- Bist du schon einmal für etwas bestraft worden? Fandest du diese Strafe gerecht? Was hat sie gebracht? Erzähle.
- Welche Strafen sind dir aus deinem näheren Umfeld bekannt: Schule, Sportverein, Familie …?
- Welche dieser Strafen erscheinen dir sinnvoll, welche weniger? Begründe.
- Welche Strafen werden vom Staat bei bestimmten Vergehen verhängt?

Tanguas Schicksal
Die Kiowa müssen aufgrund der schweren Verletzung ihres Häuptlings langsam reiten. Sie schicken aber einen Krieger voraus, der dem Stamm von den Ereignissen berichten soll. Schreibe diesen Bericht.

Old Shatterhands Brief
Old Shatterhand hat noch Verwandte in Deutschland. Diesen schreibt er einen Brief, in dem er erzählt, was er alles erlebt hat. Schreibe diesen Brief.

Schuld und Sühne (1)

Laut Sam Hawkens lautet das Gesetz des Wilden Westens „Auge um Auge, Zahn um Zahn" (Buch, Seite 67). Was haltet ihr davon? Findet ihr die Strafen, die schließlich über Tangua und Mr Rattler verhängt werden, gerecht? Sprecht darüber in der Klasse.

Stell dir vor, Tangua und Mr Rattler sollten nach dem Rechtssystem der Bundesrepublik Deutschland verurteilt werden: Welcher Vergehen haben sie sich schuldig gemacht und welche Strafe erwartet sie? Lies die Auszüge aus dem Strafgesetzbuch und schreibe auf die Linien.

§ 187 Verleumdung

Wer wider besseres Wissen in Beziehung auf einen anderen eine unwahre Tatsache behauptet oder verbreitet, welche denselben verächtlich zu machen oder in der öffentlichen Meinung herabzuwürdigen oder dessen Kredit zu gefährden geeignet ist, wird mit Freiheitsstrafe bis zu zwei Jahren oder mit Geldstrafe und, wenn die Tat öffentlich, in einer Versammlung oder durch Verbreiten von Schriften begangen ist, mit Freiheitsstrafe bis zu fünf Jahren oder mit Geldstrafe bestraft.

§ 211 Mord

Der Mörder wird mit lebenslanger Freiheitsstrafe bestraft. Mörder ist, wer aus Mordlust, zur Befriedigung des Geschlechtstriebs, aus Habgier oder sonst aus niedrigen Beweggründen, heimtückisch oder grausam oder mit gemeingefährlichen Mitteln oder um eine andere Straftat zu ermöglichen oder zu verdecken, einen Menschen tötet.

§ 185 Beleidigung

Die Beleidigung wird mit Freiheitsstrafe bis zu einem Jahr oder mit Geldstrafe und, wenn die Beleidigung mittels einer Tätlichkeit begangen wird, mit Freiheitsstrafe bis zu zwei Jahren oder mit Geldstrafe bestraft.

§ 212 Totschlag

Wer einen Menschen tötet, ohne Mörder zu sein, wird als Totschläger mit Freiheitsstrafe nicht unter fünf Jahren bestraft.

Tangua, Häuptling der Kiowa

Vergehen: _____

Strafmaß: _____

Mr Rattler, Westmann

Vergehen: _____

Strafmaß: _____

Tauscht euch über eure Ergebnisse aus. Was würdet ihr für eine sinnvolle, gerechte Strafe halten?

Schuld und Sühne (2)

Gibt es Umstände, die die von Rattler und Tangua begangenen Taten erklären oder rechtfertigen können? Lies die folgenden Paragrafen des Strafgesetzbuchs.

§ 323a Vollrausch

(1) Wer sich vorsätzlich oder fahrlässig durch alkoholische Getränke oder andere berauschende Mittel in einen Rausch versetzt, wird mit Freiheitsstrafe bis zu fünf Jahren oder mit Geldstrafe bestraft, wenn er in diesem Zustand eine rechtswidrige Tat begeht und ihretwegen nicht bestraft werden kann, weil er infolge des Rausches schuldunfähig war oder weil dies nicht auszuschließen ist.
(2) Die Strafe darf nicht schwerer sein als die Strafe, die für die im Rausch begangene Tat angedroht ist.
(3) Die Tat wird nur auf Antrag, mit Ermächtigung oder auf Strafverlangen verfolgt, wenn die Rauschtat nur auf Antrag, mit Ermächtigung oder auf Strafverlangen verfolgt werden könnte.

§ 20 Schuldunfähigkeit wegen seelischer Störungen

Ohne Schuld handelt, wer bei Begehung der Tat wegen einer krankhaften seelischen Störung, wegen einer tiefgreifenden Bewusstseinsstörung oder wegen Schwachsinns oder einer schweren anderen seelischen Abartigkeit unfähig ist, das Unrecht der Tat einzusehen oder nach dieser Einsicht zu handeln.

§ 32 Notwehr

(1) Wer eine Tat begeht, die durch Notwehr geboten ist, handelt nicht rechtswidrig.
(2) Notwehr ist die Verteidigung, die erforderlich ist, um einen gegenwärtigen rechtswidrigen Angriff von sich oder einem anderen abzuwenden.

Welche mildernden Umstände kann man zur Verteidigung der beiden Angeklagten heranziehen? Schreibe stichwortartig in die Tabelle.

Tangua	Mr Rattler
• Sorge um das Wohl seines Stammes	• _____
• _____	• _____
• _____	• _____
• _____	• _____
• _____	• _____

Stellt in einem Rollenspiel eine Gerichtsverhandlung nach: Ihr braucht einen Richter, zwei Ankläger, zwei Verteidiger und die beiden Angeklagten Tangua und Rattler. Entwickelt jeweils eine kurze Anklage- und Verteidigungsrede. Kommt zu einem begründeten Urteil.

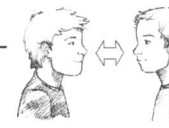

Blutsbrüder

Welcher der folgenden Menschen ist für dich besonders wichtig, welcher weniger? Erstelle eine Rangfolge, indem du die folgenden Begriffe von 1 (= sehr wichtig) bis 5 (= nicht ganz so wichtig) durchnummerierst. Schreibe dann jeweils eine kurze Erklärung auf die Linien, die die Unterschiede verdeutlicht.

◯ Bekannte/r: _____

◯ „Blutsbruder/-schwester": _____

◯ Nachbar/in: _____

◯ Freund/in: _____

◯ Bruder/Schwester: _____

Wie sind die folgenden Zitate gemeint? In welchem drückt sich dein Verständnis von Freundschaft am ehesten aus? Tausche dich darüber mit einem Partner aus.

Was ist ein Freund?
Eine einzige Seele,
die in zwei Körpern wohnt.
Aristoteles

Es gibt keinen besseren Spiegel
als einen wahren Freund.
spanisches Sprichwort

Die beste Zuflucht ist ein Freund,
ist er reich oder arm,
traurig oder froh,
mit oder ohne Fehler.
indisches Sprichwort

Schreibe ein Elfchen über deinen besten Freund bzw. deine beste Freundin. Wenn du möchtest, kannst du es dann verzieren und es ihm oder ihr schenken.

✂

_____

_____

_____

_____

_____

Zeichensprache

Anfang		Frosch	
getan		geben	
Freund		besser	
Bruder		dünn	
Danke		Blitz	
essen		Büffel	
dick		aufstehen	**Ende**

Zu allen Kapiteln

Zu den Kopiervorlagen

Neue Abenteuer
(KV Seite 51)

Die Schüler überlegen, wie die Geschichte von Winnetou und Old Shatterhand weitergehen könnte. Dabei notieren sie sich zunächst Ideen auf der Kopiervorlage. Diese können auch als Grundlage für ausformulierte Fortführungen der Geschichte im Heft genutzt werden. Wenn möglich, sollte die kurze Zusammenfassung der weiteren Handlung von „Winnetou I" erst im Anschluss ausgeteilt werden. Gleichzeitig gibt diese einen Ausblick auf weitere Abenteuer. Eventuell finden sich Schüler, die diese gern lesen möchten oder bereits gelesen haben und der Klasse darüber berichten können.

Lösungsvorschlag
Intschu tschuna: wird bei einem erneuten Kampf mit den Kiowa getötet
Old Shatterhand: lebt fortan bei den Apachen und setzt das Lebenswerk Klekih-petras fort, heiratet Nscho-tschi
Nscho-tschi: verliebt sich in Old Shatterhand, tritt zum christlichen Glauben über, bekommt einen Sohn
Winnetou: wird Häuptling der Apachen, setzt den Kampf gegen die Kiowa fort

Wer war Karl May?
(KV Seite 52)

Die Schüler lesen einen Text über das Leben Karl Mays und notieren stichpunktartig wesentliche Informationen. Ergänzend kann in kurzen Schülerreferaten über weitere Werke des Autors oder bestimmte Aspekte seines Lebens informiert werden. Mit Karl Mays Alter Ego Old Shatterhand bzw. Kara Ben Emsi können sich die Schüler auch auf der folgenden Kopiervorlage auseinandersetzen.

Lösung
Geburtstag und -ort: 25. Februar 1842 in Ernstthal
Prägende Erlebnisse in der Kindheit: Armut, Blindheit
Ausbildung: Volksschullehrer
Grund für seine Entlassung: Diebstahl einer Taschenuhr
Prägende Erlebnisse der letzten Lebensjahre: Streitigkeiten um Abdruckrechte; Pressefehde um Mays in jungen Jahren begangene Straftaten; Reisen in die USA und den Orient; Vorträge und Veröffentlichungen zu christlich-pazifistischen Themen

Ein schamloser Lügner?
(KV Seite 53)

Diese Kopiervorlage nimmt den zeitweise in der damaligen Presse erbittert und nicht immer mit sauberen Mitteln geführten Streit um Karl Mays Selbstdarstellung als Weltreisender und Abenteurer (siehe KV „Wer war Karl May?", Seite 52) auf. Ausführlich dargestellt ist dieser Streit u. a. auf der Homepage der Karl-May-Gesellschaft sowie in der Karl-May-Biografie von Klaus Walther (siehe Literatur, Verfilmungen, Internet, Seite 55/56). Die Schüler können in diesem Zusammenhang mit dem Begriff der literarischen Fiktion vertraut gemacht werden.

Zwei Fotografien zeigen Karl May im Kostüm des Kara Ben Nemsi bzw. des Old Shatterhand. Nach einer kurzen gemeinsamen Bildbetrachtung wird Karl Mays Verhalten thematisiert: Hat er, indem er seine erfundenen Abenteuer als tatsächlich erlebt darstellte, seine Leser und Fans betrogen? Oder handelt es sich um eine zulässige künstlerische Fiktion und Karl May hat sich lediglich ein anderes, literarisches „Ich" erfunden?

Lösungsvorschlag
Bewaffnung, Kleidung eines Orientreisenden bzw. eines „Westmanns", entschlossener Blick, selbstbewusst-kämpferische Haltung, auf dem ersten Foto handschriftliche Widmung wie bei einem Autogramm → Selbstdarstellung als Abenteurer, der die erzählten Geschichten selbst erlebt hat

Indianer heute
(KV Seite 54)

Auf dieser Kopiervorlage werden verschiedene fiktive Beispiele für die heutige Lebensweise der Indianer geboten. Der Einstieg kann über die Illustration erfolgen. Kopieren Sie sie gegebenenfalls groß auf eine Folie. Hier wird sicherlich der Kontrast zwischen moderner „Business"-Kleidung und traditioneller Frisur herausgearbeitet werden. Leiten Sie davon ausgehend zu der Frage über: Wie leben Indianer heute? Anschließend wird die Kopiervorlage bearbeitet.

Die Diskussion zum Thema „Tradition" muss nicht ausschließlich unter dem Blickwinkel der indianischen Geschichte geführt werden, sondern kann auch weiter gefasst werden. Vielleicht ist dabei der folgende Ausspruch hilfreich: „Die Tradition zu pflegen heißt nicht, die Asche aufzubewahren, sondern das Feuer am Leben zu halten."

Gesprächsanlass

Die Sitten der Vorfahren
Findest du es wichtig, dass man sich an die Traditionen seiner Vorfahren erinnert und alte Bräuche weiterführt? Oder sollte man sich besser nur der Zukunft zuwenden? Begründe deine Meinung.

Recherche

Indianer heute
Die Zeiten des Wilden Westens sind vorbei. Wie aber leben Indianer heute? Informiere dich im Internet oder in der Bibliothek und berichte dann in der Klasse über deine Ergebnisse.

Mögliche Ergebnisse
Zu Anfang des 20. Jahrhunderts hatte man fast alle noch lebenden Indianer Nordamerikas in sogenannte Reservate getrieben. Die ehemaligen Herren des Landes hatten nicht nur ihren Besitz, sondern auch ihre Freiheit verloren. Arbeitslosigkeit und Verzweiflung bestimmten das Leben in den Reservaten. Die Bewohner suchten häufig Trost im Alkohol, was ihre Lage auf Dauer weiter verschlimmerte. Erst 1924 wurden die Indianer in den USA als Staatsbürger anerkannt, ihre Reservate wurden aber weiterhin durch häufig korrupte Regierungsbeamte verwaltet. 1934 erhielten die Stämme die Möglichkeit einer – allerdings begrenzten – lokalen Selbstverwaltung. Immer wieder wurde versucht, die Reservate aufzulösen, um so die Indianer dazu zu bringen, ihre Kultur einschließlich ihrer althergebrachten religiösen Zeremonien aufzugeben. Unter Androhung von Strafen, wie z. B. Kürzung der Essensrationen oder Gefängnishaft, wurde ihnen verboten ihre „heidnischen Kulte" weiter auszuüben. Man versuchte, die Organisation der Stämme zu zerschlagen und die „Wilden" zur Annahme der vermeintlich höherstehenden Kultur der Weißen zu bewegen. Damit die indianischen Kinder gar nicht erst mit der Kultur ihrer Vorfahren vertraut wurden, nahm man sie ihren Familien häufig weg und brachte sie in Internate, in denen sie lernen sollten, die alten Stammestraditionen zu verachten und die „moderne" Lebensweise der Weißen anzunehmen. Wenn man auch die Leistungen indianischer Soldaten während der Weltkriege zu schätzen wusste und mancher indianischstämmige Soldat sogar zu einer Art Volksheld wurde, schlug sich das jedoch nicht in einer grundsätzlich veränderten Haltung gegenüber den Indianern nieder.

In den 60er-Jahren des 20. Jahrhunderts bildete sich eine indianische Widerstandsbewegung, das „American Indian Movement". 1969 besetzten Indianer die ehemalige Gefängnisinsel Alcatraz in der Bucht von San Francisco, um ihrer Forderung nach dem Recht auf Grundbesitz Nachdruck zu verleihen. Weitere Protestaktionen folgten.

Nur sehr langsam gelingt die politische, wirtschaftliche und soziale Emanzipation der Indianer. Immerhin sind die Stämme langsam gewachsen und es leben wieder etwa zwei Millionen Indianer in den USA, teils im städtischen, teils im ländlichen Umfeld. Aber noch immer sind ihr Bildungsstand und Pro-Kopf-Einkommen geringer und ihre Armut und Arbeitslosigkeit größer als der Durchschnitt der US-Bevölkerung. In einzelnen Indianerreservaten – die übrigens heute keine umzäunten und bewachten Zwangslager mehr sind – herrschen besondere gesetzliche Bestimmungen, was das Glücksspiel betrifft. Dort ergab sich für den jeweiligen Stamm eine neue Einnahmequelle durch Spielkasinos. Angehörige der Mohawks, eines zur Sprachfamilie der Irokesen gehörenden Stammes, gelten wegen ihrer Geschicklichkeit und Schwindelfreiheit als gefragte Facharbeiter im Hochbau.

Doch in jüngster Zeit besinnen sich viele Indianer auch wieder auf ihre alten Traditionen. Unterstützt wird dies dadurch, dass eine größere Wertschätzung vonseiten der weißen Bevölkerung zu vermerken ist. Auch ein neues Interesse an Natur und Umwelt trägt zu der positiven Entwicklung bei. Zu dieser Rückbesinnung auf die alten Stammestraditionen gehört auch eine engere Beziehung zur Natur. So betreiben manche Indianerstämme eine regelrechte Bisonzucht. Manchmal gehen kulturelle Überlieferung und moderne Technik auch eine interessante Einheit ein: So haben z. B. die Lakota schon in alter Zeit die Sonne verehrt und ihr mit einem rituellen Sonnentanz gehuldigt. Dieser Brauch lebte in jüngster Zeit wieder auf und zugleich begann der Stamm in großem Umfang Sonnenkollektoren zu installieren und die Solarenergie gewinnbringend zu nutzen.

Kreativ aktiv

Indianer gibt es überall
Im Anschluss an die Lektüre kann ein Projekt zu anderen indigenen Völkern der Erde durchgeführt werden: Zunächst informieren sich die Schüler, welche indigenen Völker es außer den Indianern noch gibt. Diese können dann auf einer großen Weltkarte geografisch zugeordnet werden. Exemplarisch werden in Kleingruppen Informationen zu indigenen Völkern verschiedener Kontinente gesammelt: z. B. zu traditioneller Lebensweise, Geschichte und dem heutigen Umgang mit Traditionen.

Neue Abenteuer

✏️ In der Originalausgabe „Winnetou I" geht die Geschichte nach der Blutsbrüderschaft noch weiter. Was passiert wohl mit den folgenden Figuren? Schreibe deine Vermutungen stichpunktartig auf die Linien.

Intschu tschuna	Old Shatterhand
Nscho-tschi	Winnetou

📖 Lies die Zusammenfassung der weiteren Handlung von „Winnetou I".

Winnetou setzt Old Shatterhands Ausbildung fort. Er unterrichtet ihn in allen Dingen, die man im Wilden Westen können muss. Nscho-tschi verliebt sich in Old Shatterhand und will deshalb nach Osten, um die Lebensweise der Weißen kennenzulernen. So brechen Intschu tschuna, Winnetou, Nscho-tschi und Old Shatterhand gemeinsam auf.

Um Nscho-tschis Aufenthalt bei den Weißen zu finanzieren, reiten die Apachen zum Nuggettsil. Dort kennen sie eine geheime Goldader. Auf dem Weg dorthin begegnen sie einem Mann namens Santer, der aus einer unvorsichtigen Bemerkung von Sam Hawkens schließt, dass bei ihnen Gold zu holen ist. Aus Habgier überfallen Santer und seine Kumpanen die Apachen. Dabei werden Intschu tschuna und Nscho-tschi getötet. Da Sam Hawkens inzwischen von den Kiowa gefangen genommen wurde, müssen Old Shatterhand und Winnetou sich trennen: Winnetou nimmt die Verfolgung Santers auf, während Old Shatterhand Sam befreit. Santer entkommt. Aber Winnetou und Old Shatterhand geben die Hoffnung nicht auf, seiner irgendwann habhaft zu werden.

In den weiteren Winnetou-Bänden erleben sie gemeinsam viele Abenteuer und bestehen Kämpfe mit feindlichen Weißen und Indianern. Dabei treffen sie auch immer wieder auf Santer …

Wer war Karl May?

Lies die Biografie von Karl May und ergänze die unten stehenden Angaben.

Karl Friedrich May wurde am 25. Februar 1842 im sächsischen Ernstthal geboren. Im Alter von zwei Jahren erblindete er, konnte aber nach drei Jahren wieder geheilt werden. Die Familie May – Karl war das fünfte von vierzehn Kindern – war sehr arm. Der Vater war Weber; doch wie bei den meisten Webern in jener Zeit gingen seine Einnahmen immer weiter zurück, weil die neu entstehenden Fabriken mit ihren Maschinen Stoffe viel schneller und billiger herstellen konnten. Ohne das Einkommen der Mutter, die als Hebamme arbeitete, wäre es unmöglich gewesen, die Familie über Wasser zu halten. Auch die Kinder mussten mitarbeiten.

Dank eines Stipendiums konnte Karl May eine Ausbildung zum Volksschullehrer machen. Mit 19 Jahren trat er seine erste Stelle an. Doch schon bald hatte das Glück ein Ende: Um zu Hause ein wenig angeben zu können, hatte er auf eine Wochenendreise die Taschenuhr seines Zimmergenossen mitgenommen. Der Diebstahl wurde hart bestraft: May verlor seine Stelle und die Berechtigung, jemals wieder als Lehrer zu arbeiten. Außerdem musste er für mehrere Wochen ins Gefängnis. Dieses Erlebnis warf ihn aus der Bahn: Immer wieder ließ er sich Betrügereien, Diebstähle und Hochstapeleien zuschulden kommen. Mehrfach wurde er verhaftet und verbrachte insgesamt etwa acht Jahre im Gefängnis.

Erst 1874 fasste Karl May langsam wieder Tritt: Er fand eine Stelle als Redakteur in einem Verlag und begann bald auch selbst zu schreiben. Anfangs verfasste er unter einem Pseudonym (einem erfundenen Namen) vor allem lange und verwickelte Liebesromane. Bald folgten seine im Wilden Westen und im Orient spielenden „Reiseerzählungen", die ihn schließlich berühmt machten.

Die letzten Lebensjahre Karl Mays waren von heftigen Streitigkeiten überschattet. Ursprünglich ging es um Lizenzfragen und Abdruckrechte. Bald jedoch zerrten Mays Gegner seine kriminellen Jugendsünden ans Licht. Auch nahm man ihm übel, dass er stets behauptet hatte, tatsächlich als Old Shatterhand bzw. als Kara Ben Nemsi die geschilderten Abenteuer erlebt zu haben. Viele Menschen hatten dies geglaubt und fühlten sich nun betrogen. In Wahrheit war Karl May erst viel später, nämlich 1899 in den Orient und 1908 in die USA gereist. Besonders schmerzhaft war es für May, dass seine erste Frau, von der er sich nach über zwanzigjähriger Ehe hatte scheiden lassen, seine Gegner unterstützte.

Dennoch schrieb Karl May weiter – nun allerdings stark christlich geprägte Romane und Aufsätze, in denen es ihm um das friedliche Zusammenleben aller Menschen ging. Am 22. März 1912 hielt er in Wien vor mehr als zweitausend begeisterten Zuhörern einen Vortrag zu diesem Thema. Nur acht Tage später, am 30. März 1912, starb er im Alter von siebzig Jahren an einer Lungenkrankheit.

Geburtstag und -ort: _____

Prägende Erlebnisse in der Kindheit: _____

Ausbildung: _____

Grund für seine Entlassung: _____

Prägende Erlebnisse der letzten Lebensjahre: _____

Ein schamloser Lügner?

© unbekannt

© unbekannt

Beschreibt die beiden Fotos von Karl May: Was ist auf den Bildern zu sehen? Überlegt, welcher Eindruck dadurch vermittelt wird.

Wie beurteilt ihr das unten beschriebene Verhalten Karl Mays? Handelt es sich um einen Betrug oder um eine Art der fantasievollen Selbstdarstellung, die man sich als Schriftsteller erlauben darf?

> Karl May erzählte seine Abenteuer so, als habe er alles selbst erlebt. Gerne ließ er sich als viel gereisten Abenteurer bewundern. Bei einem sächsischen Büchsenmacher gab er sogar den angeblichen Henrystutzen, die Silberbüchse und den Bärentöter in Auftrag, um sich dann in entsprechender Verkleidung als Kara Ben Nemsi und als Old Shatterhand fotografieren zu lassen.

Indianer heute

Heute leben über vier Millionen Indianer in den USA. Das sind etwa ein bis zwei Prozent der Gesamtbevölkerung. Ihre Situation und ihre Lebensweise sind sehr unterschiedlich. Lies dazu die folgenden Texte.

John Black Horse

Wie viele Indianer heute hat auch John Black Horse einen westlichen Vornamen und einen an seine indianische Herkunft erinnernden Nachnamen. Er lebt mit seiner Familie in einem Reservat. Über 80 Prozent der Menschen dort sind arbeitslos, viele leben weit unter der Armutsgrenze. Ein wenig Geld kommt dadurch herein, dass die Familie traditionelle indianische Kleidung, Perlenstickereien und Schmuck in Handarbeit herstellt und an Touristen zu verkaufen versucht. Aber was John Black Horse und seine Verwandten und Nachbarn damit verdienen, reicht nicht zu einem sicheren und menschenwürdigen Leben. Viele greifen immer wieder zu Alkohol oder zu anderen Drogen, um so wenigstens für einige Stunden die Wirklichkeit zu vergessen.

Sally High Flying Eagle

Sally High Flying Eagle lebt im gleichen Reservat wie John Black Horse. Auch ihre Familie ist alles andere als reich und versucht mühsam, ihr kärgliches Einkommen durch den Verkauf von Souvenirs an Touristen aufzubessern. Ihre freie Zeit widmen Sally und ihre Verwandten jedoch ganz der Ausbildung der Kinder: Nur in wenigen Familien im Reservat wird noch die alte Sprache ihres Stammes, der Lakota, gelehrt. Und die alten Riten und Bräuche kennt auch kaum noch jemand. Sally und ihre Familie haben es sich zur Aufgabe gemacht, den jungen Lakota die Sprache, die Bräuche und die Geschichte ihres Stammes zu vermitteln. „Wir können und wollen nicht die besseren Weißen werden", sagen sie. „Wir wollen die alten Lakotabräuche und die Dinge der modernen Zeit miteinander verknüpfen. So kann etwas die Dinge der modernen Zeit miteinander verknüpfen. So kann etwas entstehen, das uns weiterhilft."

Walter Clear Water

Walter Clear Water hat schon vor Jahren das Reservat seines Stammes verlassen. Weil er, wie viele andere Mohawkindianer auch, selbst in großer Höhe schwindelfrei ist, hat er eine Ausbildung im Hochbau gemacht. Sein Arbeitsplatz ist weit über dem Erdboden. Gemeinsam mit seinen Kollegen – darunter viele Indianer – fügt er die Stahlkonstruktionen von Brücken und Wolkenkratzern zusammen. Nur wenige Menschen verfügen über die nötigen Fertigkeiten und das technische Know-how für diese Tätigkeit. Walter Clear Water wird für seine harte Arbeit nicht nur gut bezahlt, sondern von vielen auch sehr bewundert. Er ist ein begehrter Facharbeiter in der Bauindustrie. Darauf ist er schon ein wenig stolz.

Joan Strong Wind

Joan Strong Wind hat den „Absprung" aus dem Elend des Reservats geschafft: Sie hat einen High-School-Abschluss gemacht und an einer berühmten Universität studiert. Auch anderen Indianerinnen und Indianern ist das gelungen: Es gibt indianischstämmige Lehrer, Ärzte und Anwälte. Aber der Anteil der „Studierten" an der Gesamtzahl der in Nordamerika lebenden Indianer ist sehr gering. Das liegt nicht daran, dass die Indianer „dümmer" wären als die Weißen, sondern daran, dass ihre Ausgangsbedingungen so viel schlechter sind. Joan Strong Wind ist nun Professorin für Atomphysik an der Universität. Sie geht ganz in ihrer Arbeit auf. An ihre indianischen Vorfahren denkt sie nur selten.

Welche der hier vorgestellten indianischen Persönlichkeiten ist euch am sympathischsten? Begründet.

Literatur, Verfilmungen, Internet (1)

Werkausgaben

Sowohl die bearbeiteten „grünen Bände" als auch die Reprints der Erstausgabe in Buchform („Freiburger Ausgabe" des Fehsenfeld-Verlags) erscheinen heute im Karl-May-Verlag in Bamberg und Radebeul. Die Karl-May-Gesellschaft (Internetadresse s. u.) gibt zudem eine auf mehr als hundert Bände angelegte, historisch-kritische Gesamtausgabe heraus und stellt die Texte „letzter Hand" auch zum kostenlosen Download im Internet bereit.

Zu Karl May

Sekundärliteratur

- Heermann, Christian: Winnetous Blutsbruder. Karl-May-Biografie. Bamberg u. Radebeul 2002
- Hetmann, Frederik: Old Shatterhand, das bin ich. Die Lebensgeschichte des Karl May. Weinheim 2001 (spannende und informative Biografie für Jugendliche ab 12 Jahren und Erwachsene)*
- Klußmeier, Gerhard/Plaul, Hainer: Karl May und seine Zeit. Bilder, Dokumente, Texte. Eine Bildbiografie. 2. Aufl. Bamberg u. Radebeul 2007 (opulent ausgestatteter und informativer Band für Karl-May-Fans)
- Loest, Erich: Swallow, mein tapferer Mustang. Karl-May-Roman. Berlin 1980, Neuauflage Leipzig 1996
- May, Karl: Ich. Karl Mays Leben und Werk. Gesammelte Werke, Bd. 34. Veränderte Neuauflage Bamberg und Radebeul 2002 (autobiografische Texte und Verteidigungsschriften Karl Mays)
- Schmidt, Arno: Sitara und der Weg dorthin. Eine Studie über Wesen, Werk und Wirkung Karl Mays. Karlsruhe 1963, Neuauflage Frankfurt a. M. 1998 (Untersuchung unter psychoanalytischen Gesichtspunkten, die bei ihrem Erscheinen einen ganz neuen Blick auf Karl May eröffnete. In ihr wurde die – inzwischen weitgehend widerlegte – These von einer latenten Homosexualität Mays aufgestellt, für wissenschaftlich Interessierte bleibt Arno Schmidts Untersuchung aber nach wie vor interessant.)
- Ueding, Gert/Rettner, Klaus (Hrsg.): Karl-May-Handbuch. Stuttgart 1987, überarbeitete Neuauflage Würzburg 2001 (grundlegendes Werk für die wissenschaftliche Auseinandersetzung mit Karl May)
- Walther, Klaus: Karl May. München 2002 (gut lesbare, ausgewogene Karl-May-Biografie für Erwachsene)
- Willemsen, Roger: Ein Schuss, ein Schrei. Das Meiste von Karl May. Frankfurt a. M. 2007 (humorvoll gereimte „Kurzfassungen" der Karl-May-Romane)
- Wollschläger, Hans: Karl May. Grundriß eines gebrochenen Lebens. Zürich 1976, erweiterte Neuauflage Göttingen 2004 (eine der ersten ernsthaften wissenschaftlichen Arbeiten über Karl May)

Internetadressen

- *www.karl-may.de* (Homepage des Karl-May-Verlags)
- *www.karl-may-gesellschaft.de* (Homepage der Karl-May-Gesellschaft, bietet viele wissenschaftlich fundierte Informationen sowie die vollständigen, urheberrechtsfreien Texte von Karl Mays Werken in der Ausgabe „letzter Hand")
- *www.hohenstein-ernstthal.de* (Homepage der Geburtsstadt Karl Mays)

Zum Thema Indianer

Hintergrundinformationen für Lehrer

- Arens, Werner/Braun, Hans-Martin: Die Indianer Nordamerikas. Geschichte, Kultur, Religion. 2. Aufl. München 2008 (kurzes, eher wissenschaftliches Werk aus der „Beck'schen Reihe")
- Bourre, Jean-Paul (Hrsg.): Indianische Weisheiten. 4. Aufl. München 2005 (Sammlung indianischer Weisheitstexte)
- Kaiser, Michaela u. Rudolf: Sterne, die singen. Begegnungen mit indianischer Weisheit. München 1997 (Annäherung an die indianische Denkweise, u. a. mit einer kritischen Analyse der berühmten Rede von Häuptling Seattle)*

Zur kreativen Annäherung an das Thema

- Bracke, Julia/Walter, Anja: Lernwerkstatt Indianer. 5. Aufl. Kempen 2008 (einsetzbar ab der oberen Primarstufe)
- Sommer, Jörg: Oxmox ox Mollox. Kinder spielen Indianer. 20. Aufl. Münster 2001 (für Primarstufe und untere Sekundarstufe geeignet)
- Waldmann, Werner/Zerbst, Marion: Tipi, Mokassin und Powwow. Das bunte Indianer-Spiel- und Sachbuch. Luzern 1997*
- Wickenhäuser, Ruben Philipp: Indianerleben. Eine Werkstatt. Mülheim 2003 (für Primarstufe und untere Sekundarstufe geeignet)
- Wolk-Gerche, Angelika: Die Indianer. Ihre Kultur spielend kennenlernen. Stuttgart 1999*

Jugendsachbücher

- Crummenerl, Rainer/Klaucke, Peter: Die Indianer. Ihre Geschichte, ihr Leben, ihre Zukunft. Würzburg 2002 (informatives und fundiert recherchiertes Sachbuch in ansprechender Gestaltung)*

*Die mit einem * gekennzeichneten Werke sind im Buchhandel nicht mehr erhältlich, stehen aber in vielen Bibliotheken und sind auch antiquarisch leicht zu bekommen.*

Literatur, Verfilmungen, Internet (2)

- Jeier, Thomas: Das große Buch der Indianer. Wien 2008
- Kohlhammer, Michael/Zeiger, Tim: Indianer. Der Traum von Freiheit. Reihe: Geolino. Stuttgart 2007 (Reportagen von Wissenschaftsjournalisten für Kinder)
- Seiler, Signe: Indianer. Indianerstämme und ihre Bräuche. Reihe: WAS IST WAS, Bd. 42. Nürnberg 2002
- Simpson, Judith: Indianer. Reihe: Alles, was ich wissen will. Ravensburg 2008
- Swan-Jackson, Alys: Die Apachen und die Puebloindianer des Südwestens. Erlangen 1996*
- Thiel, Hans Peter: Meyers großes Indianerlexikon. Mannheim u. a. 1997 (eines der umfassendsten und fundiertesten Nachschlagewerke zum Thema)*

Internetadressen

- *www.welt-der-indianer.de* (private Homepage, bietet reichhaltige und fundierte Informationen rund um das Thema Indianer)
- *www.indianerwww.de* (eine weitere private Homepage, die reichhaltige und fundierte Informationen rund um das Thema Indianer bietet)
- *www.jens-roeser.de* (private Homepage eines Künstlers, der sich intensiv mit indianischer Kunst und Kultur auseinandergesetzt hat und jedes Jahr das beliebte „Indian Art Festival" veranstaltet)

Filme

- Winnetou I – BRD, Jugoslawien, Frankreich 1963; mit Pierre Brice, Lex Barker und Mario Adorf; Regie: Harald Reinl (orientiert sich relativ stark an der Romanvorlage, auch wenn der Mörder Santer im Film bereits am Ende des ersten Teils stirbt)
- Winnetou II – BRD, Jugoslawien, Frankreich, Italien 1964; mit Pierre Brice, Lex Barker und Karin Dor; Regie: Harald Reinl (starke Abweichungen von der Romanvorlage)
- Winnetou III – BRD, Jugoslawien, Italien, Frankreich 1965; mit Pierre Brice, Lex Barker und Ralf Wolter; Regie: Harald Reinl (starke Abweichungen von der Romanvorlage)
- Der mit dem Wolf tanzt – USA 1990; mit Kevin Costner und Mary McDonnell, Regie: Kevin Costner (Film über eine Freundschaft zwischen einem Weißen und Lakota-Indianern zur Zeit des amerikanischen Bürgerkriegs, besticht durch die authentische Darstellung der Indianer)
- Der Schuh des Manitu – Deutschland 2001; mit Michael „Bully" Herbig, Christian Tramitz, Rick Kavanian, Sky du Mont und Marie Bäumer; Regie: Michael Herbig (Winnetou-Parodie, zählt zu den erfolgreichsten deutschen Kinofilmen der letzten Jahrzehnte)

Karl May im Freilichttheater

- Karl-May-Spiele in Bad Segeberg (Schleswig-Holstein), *www.karl-may-spiele.de* (neben Elspe die ältesten und renommiertesten Karl-May-Festspiele in Deutschland)
- Karl-May-Spiele in Bischofswerda (Sachsen), *www.karl-may-spiele-bischofswerda.de* (sämtliche Statisten und Darsteller sind Kinder und Jugendliche)
- Karl-May-Spiele in Elspe (Nordrhein-Westfalen), *www.elspe.de* (neben Bad Segeberg die ältesten und renommiertesten Karl-May-Festspiele in Deutschland)
- Karl-May-Spiele in Mörschied (Rheinland-Pfalz), *www.freilichtbuehne-moerschied-ev.de* (getragen von einem engagierten Verein)
- Karl-May-Spiele in Pluwig (Rheinland-Pfalz), *www.karl-may-freunde.de* (getragen von einem engagierten Verein)

Karl-May-Museen

- Karl-May-Haus (Geburtshaus Mays), Karl-May-Begegnungsstätte und Karl-May-Wanderweg mit Karl-May-Höhle in der sächsischen Geburtsstadt des Schriftstellers, *www.hohenstein-ernstthal.de*
- Karl-May-Museum im langjährigen Wohnort Karl Mays, Radebeul bei Dresden, *www.karl-may-museum.de*

*Die mit einem * gekennzeichneten Werke sind im Buchhandel nicht mehr erhältlich, stehen aber in vielen Bibliotheken und sind auch antiquarisch leicht zu bekommen.*